Kauderwelsch
Band 154

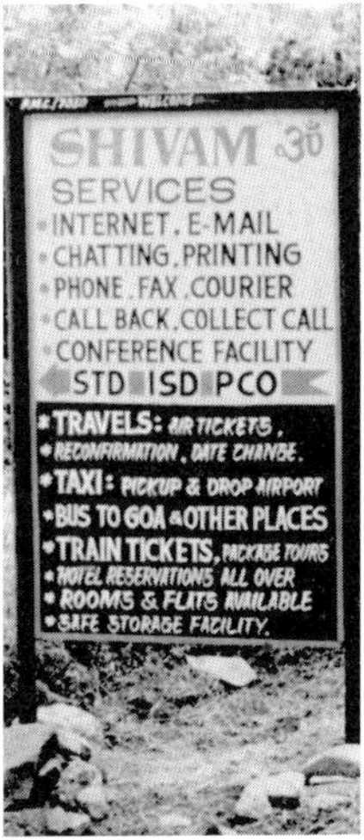

Impressum

Daniel Krasa
Englisch für Indien — Wort für Wort
erschienen im
REISE KNOW-HOW Verlag Peter Rump GmbH
Osnabrücker Str. 79, D-33649 Bielefeld
info@reise-know-how.de

1. Auflage 2002

Bearbeitung & Layout Elfi H. M. Gilissen
Layout-Konzept Günter Pawlak, FaktorZwo! Bielefeld
Umschlag Peter Rump (Titelfoto: Daniel Krasa)
Kartographie Iain Macneish
Fotos Daniel Krasa
Druck und Bindung Fuldaer Verlagsagentur, Fulda

ISBN 3-89416-573-1
Printed in Germany

Dieses Buch ist erhältlich in jeder Buchhandlung der BRD, Österreichs, der Schweiz und der Benelux. Bitte informieren Sie Ihren Buchhändler über folgende Bezugsadressen:
BRD Prolit GmbH, Postfach 9, 35461 Fernwald (Annerod) sowie alle Barsortimente
Schweiz AVA-buch 2000, Postfach 27, CH-8910 Affoltern
Österreich Mohr Morawa Buchvertrieb GmbH Sulzengasse 2, A-1230 Wien

direkt Wer im Buchhandel kein Glück hat, bekommt unsere Bücher zuzüglich Porto- und Verpackungskosten auch direkt beim **Rump Direktversand**, Heidekampstraße 18, D-49809 Lingen oder über unseren Internet-Shop: **www.reise-know-how.de**
Zu diesem Buch ist ein **Tonträger** erhältlich, ebenfalls in jeder Buchhandlung der BRD, Österreichs, der Schweiz und der Benelux.
Der Verlag möchte die **Reihen Kauderwelsch & ReiseWortSchatz** weiter ausbauen und **sucht Autoren**!
Mehr Informationen finden Sie auf unserer Internetseite **www.reise-know-how.de/buecher/special/schreiblust-inhalt.html**

Kauderwelsch

Daniel Krasa

Englisch für Indien

Wort für Wort

It happens only in India!
Sowas gibt's nur in Indien!

Reise Know-How
im Internet
www.reise-know-how.de
info@reise-know-how.de

Aktuelle Reisetipps und Neuigkeiten, Ergänzungen nach Redaktionsschluss, Büchershop und Sonderangebote rund ums Reisen

Die
Reise Know-How Verlag
Peter Rump GmbH
ist Mitglied der
Verlagsgruppe Reise Know-How

Kauderwelsch-Sprechführer sind anders!

Warum? Weil sie Sie in die Lage versetzen, wirklich zu sprechen und die Leute zu verstehen.

Wie wird das gemacht? Abgesehen von dem, was jedes Sprachbuch bietet, nämlich Vokabeln, Beispielsätze etc., zeichnen sich die Bände der Kauderwelsch-Reihe durch folgende Besonderheiten aus:

Die **Grammatik** wird in einfacher Sprache so weit erklärt, dass es möglich wird, ohne viel Paukerei mit dem Sprechen zu beginnen, wenn auch nicht gerade druckreif.

Alle Beispielsätze werden doppelt ins Deutsche übertragen: zum einen **Wort-für-Wort**, zum anderen in „ordentliches" Hochdeutsch. So wird das fremde Sprachsystem sehr gut durchschaubar. Denn in einer fremden Sprache unterscheiden sich z.B. Satzbau und Ausdrucksweise recht stark vom Deutschen. Ohne diese Übersetzungsart ist es so gut wie unmöglich, schnell einzelne Wörter in einem Satz auszutauschen.

Die **Autorinnen** und **Autoren** der Reihe sind Globetrotter, die die Sprache im Land selbst gelernt haben. Sie wissen daher genau, wie und was die Leute auf der Straße sprechen. Deren Ausdrucksweise ist nämlich häufig viel einfacher und direkter als z.B. die Sprache der Literatur oder des Fernsehens.

Besonders wichtig sind im Reiseland **Körpersprache, Gesten, Zeichen** und **Verhaltensregeln**, ohne die auch Sprachkundige kaum mit Menschen in guten Kontakt kommen. In allen Bänden der Kauderwelsch-Reihe wird darum besonders auf diese Art der nonverbalen Kommunikation eingegangen.

Kauderwelsch-Sprechführer sind keine Lehrbücher, aber viel mehr als Sprachführer! Wenn Sie ein wenig Zeit investieren und einige Vokabeln lernen, werden Sie mit ihrer Hilfe in kürzester Zeit schon Informationen bekommen und Erfahrungen machen, die „taubstummen" Reisenden verborgen bleiben.

Inhalt

Anhang

Vorwort

Englisch für Indien? Gibt es denn das überhaupt? Eine gute Frage, die sich nicht einfach beantworten lässt. Natürlich gibt es keine unabhängige indische Variante der Weltsprache Englisch, allerdings treten bei einer Reise durch den Subkontinent andere Situationen und Bedürfnisse auf als bei einem Urlaub in Großbritannien oder den USA. Man denke nur an das Thema Religion, Essen oder Transportmittel. Während es in Indien unabdingbar ist, einiges über Tempel, Curries und Rikschas zu wissen, so ist das in London oder New York selbstverständlich weitgehend unnötig. Der vorliegende Band vermittelt also neben dem Nötigsten an englischer Grammatik einen auf Indien abgestimmten Wortschatz, der selbst dem, der bereits Englisch spricht, noch einiges vermitteln kann. Dieses Büchlein setzt sich zum Ziel seinen Leser auf die oben angesprochenen Situationen genügend vorzubereiten und den Indienaufenthalt doppelt so interessant zu machen und wie gesagt, natürlich werden Sie mit dem hier gelernten auch in England, den USA oder in Australien problemlos verstanden.

So und jetzt good luck! – *Viel Glück!*

Hinweise zur Benutzung

Der Sprechführer „Englisch für Indien" besteht aus drei Hauptteilen: Grammatik, Konversation und Vokabeln. Bevor Sie jedoch in die Kapitel hineinschnuppern, sollten Sie sich das Kapitel „Aussprache & Betonung" einmal in Ruhe durchlesen. Es hilft Ihnen, die unregelmäßige Aussprache des Englischen ein bisschen besser nachzuvollziehen. Wir helfen Ihnen dabei im Buch mit einer grauen Lautschrift, die ganz einfach zu lesen ist.

Der Grammatikteil ist so einfach gehalten wie möglich. Daher sind auch nicht alle Ausnahmen und Unregelmäßigkeiten der englischen Sprache erklärt. Es hilft Ihnen aber sicherlich bei der Auffrischung Ihrer Schulkenntnisse und zeigt Ihnen einige typische Besonderheiten des indischen Englisch.

Beginnen Sie gleich mit dem Konversationsteil, finden Sie dort Sätze aus dem Alltagsgespräch aufgegliedert nach verschiedenen Themengebieten aus dem Reisealltag in Indien. Sie sollen einen ersten Eindruck vermitteln, wie sich das indische Englisch eigentlich anhört – denn was man schon einmal gelesen hat, versteht man später viel leichter.

Damit Sie die Wortfolge des Englischen in den Beispielsätzen nachvollziehen können, ist eine Wort-für-Wort-Übersetzung ergänzt. Jedem englischen Wort entspricht ein Wort in der deutschen Wort-für-Wort-Übersetzung.

Seitenzahlen
Um Ihnen den Umgang mit den Zahlen zu erleichtern, wird auf jeder Seite die Seitenzahl auch in Englisch angegeben!

How much does it cost?
hau matsch dahs itt kost
wie viel tut es kosten
Was kostet das?

No, I'm engaged / a single.
nou eim ängedschd / è ßingl
nein ich'bin verlobt / ein einzel
Nein, ich bin verlobt / ledig.

Mit Hilfe der Wort-für-Wort-Übersetzung können Sie die Beispielsätze leicht Ihren eigenen Bedürfnissen anpassen: Tauschen Sie einfach die Worte untereinander aus. Die Wörterlisten am Ende des Buches helfen Ihnen dabei. Sie enthalten einen auf Indien abgestimmten Wortschatz Deutsch – Englisch und Englisch – Deutsch von je ca. 1.000 Wörtern, mit denen man schon eine Menge anfangen kann.

Die Umschlagklappe hält die wichtigsten Sätze und Formulierungen stets für Sie parat. Aufgeklappt ist der Umschlag eine wesentliche Erleichterung, da nun die gewünschte Satzkonstruktion mit dem entsprechenden Vokabular aus den einzelnen Kapiteln kombiniert werden kann. Wenn alles nicht mehr weiterhilft, dann ist vielleicht das Kapitel „Nichts verstanden? – Weiterlernen!" der richtige Tipp. Es befindet sich ebenfalls im Umschlag, stets bereit, mit der richtigen Formulierung für z. B. „Ich habe nicht verstanden." oder „Wie bitte?" auszuhelfen.

Die Sprachen Indiens

Hindi gehört ebenso wie Englisch und Deutsch zu den indogermanischen Sprachen.

Tja, das mit den Sprachen ist so eine Sache. Die offizielle Amtssprache Indiens ist ja eigentlich das Hindi. In der indischen Verfassung gibt es aber insgesamt 18 offiziell anerkannte Regionalsprachen, von denen die meisten nur in je einem Bundesstaat gesprochen werden. Die indischen Sprachen kann man in zwei Gruppen aufteilen.

Da ist erstmal die indogermanische Gruppe mit insgesamt vierzehn der angesprochenen Sprachen. Diese werden speziell in den nördlichen Bundesstaaten gesprochen und sind dem Hindi sehr ähnlich, d.h. Sprecher verschiedener Sprachen verstehen sich hier relativ problemlos untereinander.

Die zweite Gruppe sind die drawidischen Sprachen. Sie werden vor allem in den südindischen Bundesstaaten Tamil Nadu, Kerala, Karnataka und Andhra Pradesh gesprochen. Hier können nur die Wenigsten Hindi – auch wenn es an den Schulen unterrichtet wird.

Neben diesen gibt es noch etwa 850 weitere Sprachen. Wie unterhält sich denn nun ein Nordinder mit einem Landsmann aus dem Süden? Hier macht sich das britische Erbe bemerkbar. Von 1856 bis 1947 war Indien eine Kronkolonie ihrer Majestät und wurde von London aus regiert. Die englische Sprache war zusammen mit Hindustani – wie Hindi damals genannt wurde – das Medium der Regierenden.

Bis heute hat sich das Englische als Sprache der Gebildeten und Einflussreichen erhalten. So läuft im Rechtswesen und der Verwaltung ein Großteil auf Englisch. Wer regelmäßig mit Ausländern zu tun hat, spricht Englisch. Viele Schulkinder lernen Englisch und an Hochschulen und Universitäten verwendet man es oft sogar als Unterrichtssprache. Bei internationalen Geschäften wird meist Englisch gesprochen. Aber auch Inder aus verschiedenen Teilen des Landes greifen untereinander auf die Sprache der ehemaligen Kolonialherren zurück. Einem Einwohner Delhis wird bei einem Besuch in Madras nichts anderes übrig bleiben, als Englisch zu sprechen (falls er des Tamil nicht mächtig ist). Es gilt auch wieder als schick und modern und gerade junge Leute sprechen es untereinander um zu zeigen, dass sie mondän und westlich sind. Schön und gut, aber spricht es denn auch der einfache Mann auf der Straße?

Übrigens: Gutes Englisch nennt man in Indien: Proper English*!*

Es gibt keine verlässliche Zahl wie viele Menschen in Indien des Englischen mächtig sind. Natürlich wird ein einfacher Rikscha-Fahrer, der in den Slums Kalkuttas lebt, nicht in der Lage sein eine Diskussion über Kernspaltung in fließendem Fachenglisch zu führen, trotzdem wird ihm das Nötigste – wie Zahlen und einfache Floskeln und Wörter – bekannt sein. Auch hängt es davon ab, in welchem Bundesstaat man sich bewegt. In Bihar, Jammu und Kaschmir liegt die Analphabetenrate bei 65-70%. Hier wird es schwieriger einen Englischsprecher zu finden, als in einer Weltstadt wie Mumbai

Geht man davon aus, dass nur 10% aller Inder Englisch sprechen, wären das mehr als die Bevölkerung von Großbritannien, Australien und Neuseeland zusammen, d.h. etwa so viele wie die BRD Einwohner hat!

Die Sprachen Indiens

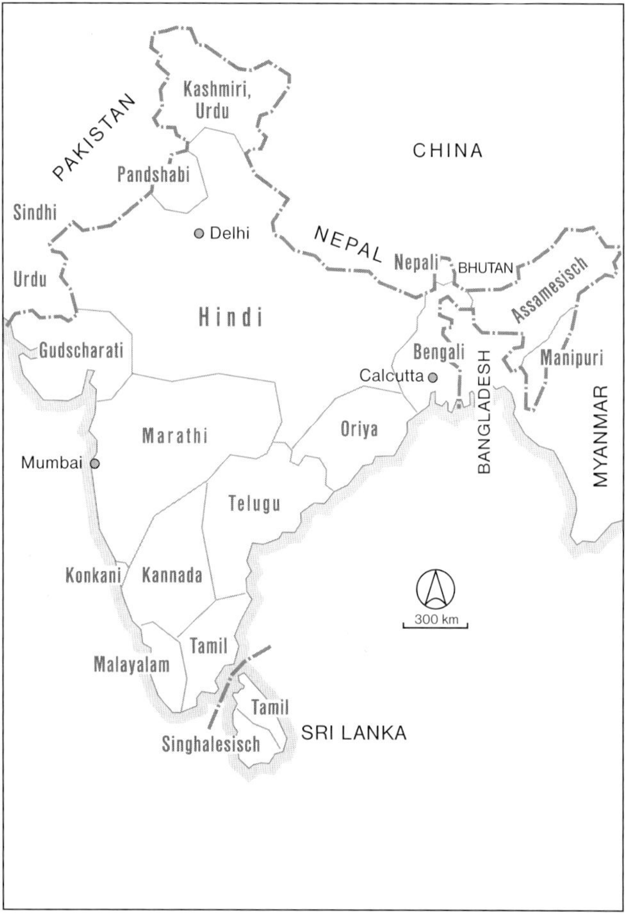

(Bombay) oder im Vorzeige-Bundesstaat Kerala. Auf dem Land kann es schwierig werden Menschen zu finden, die auch nur ansatzweise Englisch sprechen, dann hilft Zeichensprache oder die entsprechenden Kauderwelsch-Bände für „Hindi, Bengali, Tamil oder Urdu".

Die 18 Nationalsprachen Indiens

Hindi – offizielle Amtssprache Indiens und Verwaltungssprache der Bundesstaaten Bihar, Chhattisgarh, Haryana, Himachal Pradesh, Jharkhand, Madhya Pradesh, Rajasthan, Uttaranchal und Uttar Pradesh. Außerdem eine der drei offiziellen Sprachen in Delhi.

Bei den weiteren Sprachen ist immer angegeben, in welchem Bundesstaat die Sprache als Verwaltungssprache gilt:

Assamesisch	Assam
Bengali	West-Bengalen
Gudscharati	Gudscharat, aber auch Handelssprache in Mumbai
Kannada	Karnataka
Kaschmiri	Jammu und Kaschmir
Konkani	Goa
Malayalam	Kerala
Manipuri	Manipur
Marathi	Maharashtra und Goa
Nepali	Sikkim
Oriya	Orissa
Pandschabi	Pandschab, eine der drei offiziellen Sprachen von Delhi

Im weiteren Verlauf dieses Buches ist oft die Rede von Nord- und Süd- und Ostindien. Der Süden umfasst die vier Bundesstaaten Tamil Nadu, Kerala, Karnataka und Andhra Pradesh, sowie Pondicherry und die Inselgruppen im Indischen Ozean. Der Osten besteht aus West-Bengalen, Assam, Manipur, Sikkim, Meghalaya, Nagaland, Arunachal Pradesh, Mizoram und Tripura. Der Norden umfasst die restlichen Bundesstaaten. Diese Unterscheidung ist sprachlich-kulturell und nicht rein geografisch.

Hier ist Englisch die offizielle Verwaltungssprache: Meghalaya, Nagaland *und* Tripura, *in den acht* Union Territories, *den* Andamanen *und* Nikobaren, *in* Arunachal Pradesh, Chandigarh, Dadra *und* Nagar Haveli, *auf den* Lakshwadeep *Inseln, in* Mizoram, Pondicherry *und in* Delhi.

Sanskrit	hinduistische Kultursprache und eine der ältesten Sprachen der Welt
Sindhi	vor allem in Mumbai gesprochene Sprache von Flüchtlingen aus Pakistan
Tamil	Tamil Nadu und wichtigste Verkehrssprache im Süden
Telugu	Andhra Pradesh
Urdu	Jammu und Kaschmir, Kultursprache der indischen Moslems

Aussprache & Betonung

So einfach vielen Leuten die englische Grammatik erscheint, so kompliziert ist die Aussprache. Da sind selbst Englischprofis nicht immer ganz sattelfest. Deshalb können hier nicht sämtliche Möglichkeiten der englischen Aussprache aufgeführt werden, zumal vieles von einer festen Regel abweicht. Die Betonung der englischen Wörter ist auch nicht so einfach. Da sie jedoch wichtig ist, sind betonte Silben in der Lautschrift unterstrichen.

Soviel zu den Ausspracheregeln des klassischen Englisch. In Indien gibt es natürlich noch spezielle Dinge, auf die man achten muss. Man darf nicht vergessen, dass Englisch für die meisten Inder eine Zweitsprache ist und sich dementsprechend Eigenheiten der indischen Sprachen auch in ihrem Englisch wiederfinden. Hier eine Tabelle mit den wichtigsten Ausspracheregeln des Englischen und der teilweise abweichenden indischen Aussprachevarianten:

Mitlaute

c	k	wie in „**K**uh“	clock klock *Uhr*
	ß	stimmloses „s“ wie in „Gla**s**“	cigarette ßigret *Zigarette*
ch	tsch	wie in „Ku**tsch**e“	chai tschaj *Tee*
f	f	wie im Deutschen; im Süden	coffee kopi *Kaffee*
	p	Indiens fast immer p gesprochen	
g	g	wie in „**G**ras“	go gou *gehen*
	dsch	wie in „**Dsch**ungel“	german dschörmèn *Deutsch*
h	h	wie in „**H**aus“;	house hauß *Haus*
	-h	bei gh, bh, kh, th in indischen Wörtern das „h“ deutlich sprechen;	Gandhi gand-hi *Gandhi* sikh ßik-h *Sikh*
	ch	bei arabischen und persischen Worten kann „(k)h“ auch wie in „Kra**ch**“ ausgesprochen werden	Ahmad achmad *(Name)*
j	dsch	wie in „**Dsch**ungel“	jain dschain *Jain*
n	n	wie in „**n**ein“;	not natt *nicht*
	~	manchmal im Indischen nasal gesprochen wie im frz. „Croiss**ant**“	churiyan tschurijã *Armreif*
r	r	Zunge an den Gaumen und leicht zurückbiegen;	right reit *richtig*
	rw	in Indien oft mit der Zunge am Gaumen gesprochen, es klingt wie ein „r“ und „w“ gleichzeitig;	pagree pagrwih *Turban*
	rr	in Indien auch als gerolltes „r“	raja rrahdscha *König*

sell ßell *verkaufen*	**s**	ß	stimmloses „s“ wie in „Gla**s**“;
		sch	die Bengalen kennen das „s“ nicht und sprechen es immer wie „sch“.
shoe schuh *Schuh*	**sh**	sch	wie in „**Sch**uh“;
shop ßop *Geschäft*		ß	entlang des Ganges und im Bundesstaat Orissa wird es immer wie „ß“ gesprochen.
school ßkuhl *Schule*	**sch**	ßk	wie in „**Sk**andinavien“;
speak ßpihk *sprechen*	**sp**	ßp	nicht wie im Deutschen „schp“, sondern mit stimmlosem „ß“
station ßtäschèn *Bahnhof*	**st**	ßt	nicht wie im Deutschen „scht“, sondern mit stimmlosem „s“
that ðät *dieser*	**th**	ð	Zunge an die oberen Vorderzähne, gelispeltes „s“;
Bath baat-h *Bad*		t-h	in Indien oft wie ein behauchtes „t“ gesprochen;
the dè *der/die/das*		d	the wird oft nur als dè gesprochen
vote wout *Wahl*	**v**	w	wie in „**W**agen“;
very bärih *sehr*		b	in West- Bengalen eher wie „b“;
government gohrment *Regierung*		-	in Süd-Indien wird es ganz einfach verschluckt
window windou *Fenster*	**w**	w	ein deutsches „w“ wird verstanden, aber es ist eigentlich ein kurzes „u“;
white beit *weiß*		b	in West- Bengalen eher wie „b“
yes jäß *ja*	**y**	j	wie in „**J**acke“; am Wortende wie
happy häppih *glücklich*		ih	ein deutsches „ih“ gesprochen
zoo suh *Zoo*	**z**	s	stimmhaftes „s“ wie in „**S**uppe“;
zero dschihro *null*		dsch	im Bundesstaat Gujarat wird es wie in „**Dsch**ungel“ gesprochen

Die Laute d, l, t werden im Englischen normalerweise wie im Deutschen ausgesprochen, aber im indischen Englisch werden sie meist

retroflex gesprochen, d.h. mit der Zunge am Gaumen. Wer einen Inder reden hört (egal in welcher Sprache!), weiß was gemeint ist.
Im Nordwesten Indiens spricht man ungern die Mitlautkombinationen sch = ßk, sp = ßp, st = ßt am Wortanfang und schiebt daher ein i davor: school ißkuhl *Schule,* spell ißpäll *buchstabieren,* station ißtäschèn *Bahnhof.*

Grundsätzlich gilt im Englischen, dass die Aussprache des -er am Ende eines Wortes oder einer Silbe z.B. letter lättèr *Brief* mehr einem stummen „e" ähnelt wie in „Mutter". In der grauen Lautschrift wurde deshalb das „e" mit einem verkürzenden Akzent versehen.

Selbstlaute

a	ah	wie in „D**a**me";	last lahßt *letzter*
	ä	etwa wie in „W**ä**sche";	back bäck *zurück*
	oh	langes, offenes „o", etwa wie in „D**o**rn", nur länger;	all ohl *alles*
	è	kurzes „e" wie in „Dos**e**", wird nie betont	about èbaut *über*
a **ai, ay**	äi	ä-i einzeln sprechen und i etwas zum j werden lassen	name näim *Name* pay päi *zahlen*
e	è	kurzes „e" wie in „Dos**e**", wird nie betont;	the ðè/dè *der, die, das*
	ä	wie in „n**e**tt";	egg ägg *Ei*
	w	beim e am Wortanfang schieben Südinder schon mal ein w- davor;	every jävri *jede*
	i-è	langezogen wie in „**ih**r";	here hi-èr *hier*
	äè	wie in „H**err**"	where wäèr *wo*

Aussprache & Betonung

learn öhrn *verdienen*	**ea**	öh	offenes, langes ö wie in „R**öh**re“;
lead lihd *führen*		ih	wie in „D**ie**b“
see ßih *sehen*	**ee**	ih	wie in „D**ie**b“
sick ßik *krank*	**i**	i	wie in „d**i**ck“;
nice neiß *schön/nett*		ei	wie in „**Ei**“
first föhßt *erster*		ö	offenes, langes „ö“ wie in „Segelt**ö**rn“
friend frännd *Freund*	**ie**	ä	ähnlich wie in „W**ä**sche“
how hau *wie*	**o**	au	wie in „L**au**t“;
own oun *eigen*		ou	o-u schnell hintereinander;
not nott *nicht*		o	offenes „o“ wie in „L**o**ch“;
old wold *alt*		wo	im Süden wird ein w davorgestellt;
short schoht *kurz*		oh	langes, offenes „o“, wie in „D**o**rn“;
love law *Liebe*		a	etwa wie in „**A**ffe“
out aut *außen*	**ou**	au	wie in „L**au**t“
boy boi *Junge*	**oy**	oi	wie in „h**eu**te“
book buck *Buch*	**oo**	u	kurzes „u“ wie in „Z**u**cker“;
cool kuhl *kühl*		uh	langes „u“ wie in „L**u**ke“
bus baß *Bus*	**u**	a	etwa wie in „**A**ffe“;
sure schuhr *sicher*		uh	wie in „p**u**r“

In der Lautschrift sind betonte Wortteile immer unterstrichen: expensive ikßpännßif *teuer*.

Ein Verbindungsstrich zwischen zwei Wörtern zeigt an, dass sie ohne Sprechpause wie ein zusammenhängendes Wort ausgesprochen werden: an apple èn_äpèl *ein Apfel*.

Folgen in der Lautschrift drei Selbstlaute hintereinander, wird durch einen Bindestrich gezeigt, welche Selbstlaute zusammengehören: menstruation männßtru-äschèn *Menstruation*.

Hier noch die Aussprache der einzelnen Buchstaben des englischen Alphabets:

A äj	**B** bi	**C** ßi	**D** di	**E** ih
F eff	**G** dschi	**H** äjtsch	**I** ei	**J** dschäj
K käj	**L** ell	**M** äm	**N** än	**O** ou
P pi	**Q** kju	**R** ahr	**S** eß	**T** ti
U ju	**V** wih	**W** dabèlju	**X** äkß	**Y** wei
Z sätt				

Kauderwelsch-Tonträger
Falls Sie sich die englischen Sätze und Wörter, die in diesem Buch vorkommen, einmal von einem Inder gesprochen anhören möchten, kann Ihnen Ihre Buchhandlung das begleitende Tonmaterial zu diesem Buch besorgen.
Sie bekommen es auch über den Rump-Direktversand oder unseren Internetshop ***www.reise-know-how.de*** *zuzüglich Porto- und Verpackungskosten.*

Wörter, die weiterhelfen

Die folgenden Wendungen und Vokabeln werden Sie wahrscheinlich häufig brauchen, Sie benötigen dafür keine Grammatikkenntnisse, sondern können sofort mit dem Sprechen beginnen. Vor allem die Floskeln für „bitte", „danke" und „Entschuldigung" sind sozusagen überlebenswichtig.

Excuse me!	ikßkjuhs mih	Entschuldigung!
Please!	plihs	Bitte!
Thank you!	ðänk_juh	Danke!
Pardon?	pahdèn	Wie bitte?

Is there ... ? is ðäèr Gibt es ...?

Is there a bus?
is ðäèr è baß
ist dort ein Bus
Gibt es einen Bus?

Do you have ...? duh juh häw Haben Sie ...?

Do you have any toiletpaper?
duh juh häw toiliät päjpèr
tust du haben irgendein Toilettenpapier
Haben Sie Toilettenpapier?

In diesen Satz kann man alle passenden Vokabeln aus der Wörterliste unverändert einsetzen. Mögliche Antworten sind:

Yes there is!
jäß ðäèr is
ja dort ist
Ja, haben wir.

No there isn't!
nou ðäèr isènt
nein dort ist'nicht
Nein, haben wir nicht!

Where is ...? wäèr is Wo ist ...?

Where is the bus stop?
wäèr is ðè baß ßtopp
wo ist der Bus Stopp
Wo ist die Bushaltestelle?

Where is a good hotel?
wäèr is è gudd houtäl
wo ist ein gut Hotel
Wo gibt es ein gutes Hotel?

Damit Sie die Richtung auch verstehen:

straight	ßträit	geradeaus
right	reit	rechts
left	läfft	links
back	bäk	zurück
here	hi-èr	hier
there	ðèr	dort
direction	deiräktschèn	Richtung

I'm looking for ... eim lucking fohr Ich suche ...

I'm looking for the ... street.
eim lucking fohr ðè ßtrieht
ich'bin schauend für die Straße
Ich suche nach der ...-Straße.

I need ... ei nihd Ich brauche...

I need a room.
ei nihd è ruhm
ich brauche ein Zimmer
Ich brauche ein Zimmer.

In diesen Satz kann man auch die Wörter der folgenden Liste einsetzen:

bank	bänk	Bank
embassy	ämbäßi	Botschaft
bus	baß	Bus
airport	ährpohrt	Flughafen
hotel	houtäl	Hotel
hospital	hoßpitèll	Krankenhaus
police	poliß	Polizei
restaurant	rästèränt	Restaurant
taxi	täksi	Taxi
toilet	toilät	Toilette
dentist	dänntißt	Zahnarzt

How much does it cost?
hau matsch dahs itt kost
wie viel tut es kosten
Was kostet das?

How much does a ... cost?
hau matsch dahs è kost
wie viel tut ein kosten
Was kostet ein ... ?

How much does a ticket cost?
hau matsch dahs è tikètt kost
wie viel tut ein Ticket kosten
Was kostet ein Ticket?

Ein, das, jenes

Es ist ganz einfach, denn im Englischen gibt es keine Unterscheidung der Hauptwörter (Substantive) nach dem Geschlecht. Es gibt nur einen bestimmten Artikel für alle Hauptwörter: the ðè. Beginnt das Hauptwort mit einem Selbstlaut, wird es jedoch meist ðih ausgesprochen.

the elephant	**the mosque**	**the fort**
ðih äläfänt	ðè moßk	ðè fohrt
der Elefant	die Moschee	das Fort

Der unbestimmte Artikel a gilt auch für alle Hauptwörter und wird kurz ausgesprochen wie das e in „Hos**e**". Folgt ein Hauptwort, das mit einem Selbstlaut anfängt, wird daraus an:

an apple	**a coconut**	**a riksha**
èn_äppèl	è kokonatt	è rikscha
ein Apfel	eine Kokusnuss	eine Rikscha

You speak the Hindi!	**You saw the Manoj?**
juh spiehk ðè hindi	juh soh ðè manuudsch
du sprichst das Hindi	*du sahst der Manoj*
Sprichst du Hindi?	Hast du Manoj gesehen?

Im Englischen stellt man vor viele Eigennamen keinen Artikel. In Indien jedoch nimmt man diese Regel nicht so genau.

You went to the Bombay?
juh wänt tuh ðè bombeeh
du gingst zu die Bombay
Warst du in Bombay?

Und wo eigentlich ein the *stehen müsste, lässt der Inder dieses ab und zu gelassen weg.*

I went to market.
ei wänt tuh mahkett
ich ging zu Markt
Ich ging zum Markt.

Die Inder benutzen auch oft one *(eins) als unbestimmten Artikel.*

I live in one house.
ei liww in wann haus
ich lebe in eins Haus
Ich lebe in einem Haus.

Einzahl/Mehrzahl

Im Englischen gilt die einfache Regel, dass an das Hauptwort einfach ein -s angehängt wird, um die Mehrzahl (Plural) zu bilden, egal wie kompliziert im Deutschen die Mehrzahlbildung des entsprechenden Wortes sein mag.

friend	**friends**	**word**	**words**
frännd	fränndś	wörd	wörds
Freund	Freunde	Wort	Wörter

Wichtige Ausnahmen:

child	**children**	**(wo)man**	**(wo)men**
tscheild	tschildren	(wu)mèn	(wi)min
Kind	Kinder	Mann (Frau)	Männer (Frauen)

Das stumme -e *am Wortende wird in der Mehrzahl wie ein kurzes* -i *ausgesprochen.*

house	**houses**	**purse**	**purses**
haus	hausis	pörs	pörsis
Haus	Häuser	Geldbörse	Geldbörsen

Es gibt auch Wörter, die entweder nur in der Einzahl oder nur in der Mehrzahl vorkommen. Besonders wichtig ist eine Reihe von Wörtern, die im Englischen nur in der Mehrzahl, im Deutschen dagegen in der Einzahl gebraucht werden. Dies gilt besonders für Gegenstände, die aus zwei gleichen Teilen bestehen (die Hose hat zwei Hosenbeine).

Viele Wörter werden im indischen Englisch in die Mehrzahl gesetzt, auch wenn man das im Standardenglisch nicht tut, hier: britishers *und* furnitures.

opticals	**pants**	**britishers**	**furnitures**
optikälß	päntß	britischèrs	fönitschars
die Brille	die Hose	Briten	Möbel

Worte werden im indischen Englisch in der Einzahl gebraucht, obwohl sie Mehrzahl sein sollten.

All my relative came.
ol mei rilätiffß käm
alle meine Verwandten kamen
Alle meine Verwandten kamen.

Ich & mein

Wie man jemanden anspricht, braucht man sich im Englischen nicht lange zu überlegen, denn es gibt nur eine Anrede: you (du/Sie = Einzahl; Ihr/Sie = Mehrzahl). Sonst gelten die persönlichen Fürwörter (Personalpronomen):

I	ei	ich
you	juh	du/Sie
he/she/it	hih/schih/itt	er/sie/es
we	wih	wir
you	juh	ihr/Sie
they	ðäi	sie

you *bedeutet außerdem noch „man".*

Die besitzanzeigenden Fürwörter (Possessivpronomen) sind:

my	mei	mein
your	johr	dein/Ihr
his/her/its	his/hör/itts	sein/ihr/sein
our	au-èr	unser
your	johr	euer/Ihr
their	ðäèr	ihr

Die hinweisenden Fürwörter (Demonstrativpronomen) sind:

this	ðiß	diese, -r, -s
that	ðätt	jene, -r, -s
these	ðihs	diese (Mehrzahl)
those	ðous	jene (Mehrzahl)

Schön, schöner, am schönsten

Eigenschaftswörter (Adjektive) haben im Englischen immer dieselbe Form, egal ob sie in der Einzahl oder in der Mehrzahl gebraucht werden:

a nice book	**nice books**
è neiß buck	neiß bucks
ein schönes Buch	schöne Bücher

Steigerung

Im Englischen gibt es zwei Möglichkeiten Eigenschaftswörter zu steigern. Erste Möglichkeit: die Endung -er bzw. -est:

cheap	**cheaper**	**cheapest**
tschihp	tschihpèr	tschihpèßt
billig	billiger	am billigsten

Zweite Möglichkeit: Es wird more *(mehr)* bzw. most *(am meisten)* davor gesetzt:

expensive	**more expensive**	**most expensive**
ikßpännßif	moh ikßpännßif	moußt ikßpännßif
teuer	*mehr teuer*	*am meisten teuer*
teuer	teurer	am teuersten

Nun kann man es sich leider nicht aussuchen, welche Art man lieber nimmt. Die einsilbig gesprochenen Eigenschaftswörter werden nach dem ersten Schema gesteigert, alle drei- und mehrsilbigen nach dem zweiten. Zweisilbige Eigenschaftswörter können auf beide Arten gesteigert werden. Mit den genauen Regeln sollte man sich nicht belasten, da sowieso klar ist, was man ausdrücken will.

Ausnahmen:

good gudd gut	**better** bättèr besser	**best** bäßt am besten
bad bäd schlecht	**worse** wörß schlechter	**worst** wörßt am schlechtesten
little littèl klein	**smaller** ßmohlèr kleiner	**smallest** ßmohlèßt am kleinsten

Vergleich

Der Vergleich zweier oder mehrerer Personen/Dinge miteinander erfolgt im Englischen ähnlich wie im Deutschen.

1. **(not) as big as...**
   (nott) äs bigg_äs...
   (nicht) so groß wie...

2. **bigger than...**
   biggèr ðänn...
   größer als...
   größer als...

   more comfortable than...
   moh kammftibbèl ðänn...
   mehr bequem als...
   bequemer als...

The beach in Ali Bagh is (not) as nice as in Kovalam.
ðè bihdsch in ali baag is (nott) äs neiß äs in kowalam
Der Strand in Ali Bagh ist (nicht) so schön wie in Kovalam.

This temple is bigger than that one.
ðiß tämpel is biggèr ðänn ðätt wann
Dieser Tempel ist größer als jener.

This hotel is more comfortable than the guest-house.
ðiß houtäll is moh kammftibbèl ðänn ðè gäßthaus
Dieses Hotel ist komfortabler als die Pension.

Umstandswörter

Man erkennt die meisten englischen Umstandswörter an der Endung -ly, die an Eigenschaftswörter angehängt wird. Darin unterscheidet sich das Englische vom Deutschen.

He is a careful driver.
hih is è käèrfèll dreiwèr
Er ist ein vorsichtiger Fahrer.

He drives carefully.
hih dreiws käèrfèllih
Er fährt vorsichtig.

He is extremely nervous.
hih is ikßtrihmlih nörvèß
Er ist äußerst nervös.

Wenn man im Deutschen „normalerweise" statt „normal", „glücklicherweise" statt „glücklich" sagen will, muss an das englische Eigenschaftswort die Endung -ly *angefügt werden.*

Gegenwart, Vergangenheit & Zukunft

Auch im Englischen bilden die Tätigkeitswörter (Verben) und deren Zeitformen ein Kapitel für sich. Im Folgenden werden jedoch nur die vier wichtigsten Zeiten erläutert, die bei Gesprächen am häufigsten vorkommen:

1.	Gegenwart	*ich gehe*
2.	Vergangenheit	*er ging*
3.	vollendete Gegenwart	*du bist gegangen*
4.	Zukunft	*wir werden gehen*

Mit der Beherrschung dieser vier Zeitformen kann man alle Gesprächssituationen meistern. Auf das langwierige Erklären der Unterschiede im Gebrauch von Vergangenheit und vollendeter Gegenwart kann hier getrost verzichtet werden, zumal viele native speakers *(Leute, die Englisch als Muttersprache sprechen)* die Unterschiede auch nicht ganz genau im Kopf haben.

Verlaufsform

Grundsätzlich gibt es im Englischen jeweils zwei Möglichkeiten, eine Zeitstufe auszudrücken, nämlich die „einfache Form", die wir im Deutschen auch haben (I go = *ich gehe*), und die „Verlaufsform", die wir im Deutschen zwar bilden können, die aber bei uns nicht benutzt wird (I am going = *ich bin gehend*).

Es ist ratsam, beide Möglichkeiten zu beherrschen, weil in der gesprochenen Sprache die Verlaufsform oft gebraucht wird. Falls einem eine solche Form im Gespräch begegnet, sollte man zumindest wissen, was es damit auf sich hat. Sie heißt deshalb Verlaufsform, weil damit ausgedrückt werden soll, dass etwas während eines bestimmten Zeitraums gerade geschieht, also gerade verläuft.

Übrigens: Deutsche machen meist den Fehler die englische Verlaufsform als Ersatz für den deutschen Infinitiv zu verwenden. Also aufgepasst!

Übersetzt wird die Verlaufsform meist genauso wie die entsprechende einfache Form. Um den Aspekt des Verlaufs der Handlung im Deutschen zu unterstreichen, können solche Konstruktionen gewählt werden wie:

dabei sein, zu (gehen) gerade (gehen) beim (Gehen) sein

Gegenwart

einfache Form

Bei der Beugung der Tätigkeitswörter im Deutschen wird in allen Zeiten je nach Person eine andere Endung angehängt *(ich gehe, du gehst ... usw)*. Das Englische ist da viel einfacher, denn diese komplizierten Endungen fallen hier weg, jedoch mit einer Ausnahme in der Gegenwart: in der 3. Person Einzahl (he/she/it) wird an das Tätigkeitswort ein -s angehängt:

I	**eat**	ei iht	ich esse
you	**eat**	juh iht	du isst
he/she/it	**eats**	hih/schih/itt ihtß	er/sie/es isst
we	**eat**	wih iht	wir essen
you	**eat**	juh iht	ihr esst
they	**eat**	ðäi iht	sie essen

So simpel werden in der einfachen Form in der Gegenwart fast alle Tätigkeitswörter gebeugt. Allerdings gibt es zwei wichtige Sonderfälle, nämlich „sein" (be) und „haben" (have). Die Beugung dieser Wörter muss man wohl oder übel lernen, weil man sie am häufigsten braucht.

I	**am**	ei äm	ich bin
you	**are**	juh ah	du bist
he/she/it	**is**	hih/schih/itt is	er/sie/es ist
we	**are**	wih ah	wir sind
you	**are**	juh ah	ihr seid
they	**are**	ðäi ah	sie sind

I	**have**	ei häw	ich habe
you	**have**	juh häw	du hast
he/she/it	**has**	hih/schih/itt häs	er/sie/es hat
we	**have**	wih häw	wir haben
you	**have**	juh häw	ihr habt
they	**have**	ðäi häw	sie haben

Verlaufsform

Die Verlaufsform kann man auch im Deutschen bilden: ich bin gehend / du bist reisend ... Diese für unsere Ohren reichlich gespreizt klingende Formulierung, muss man wörtlich ins Englische übertragen, und schon hat man eine perfekte englische Verlaufsform. Dazu wird an das zweite Tätigkeitswort die Endung -ing angefügt.

I am travelling	ei äm träwèlling	*ich reise (bin reisend)*
you are travelling	juh ah träwèlling	*du reist (bist reisend)*
he/she/it is travelling	hih/schih/itt is träwèlling	*er/sie/es reist (ist reisend)*
we are travelling	wih ah träwèlling	*wir reisen (sind reisend)*
you are travelling	juh ah träwèlling	*ihr reist (seid reisend)*
they are travelling	ðäi ah träwèlling	*sie reisen (sind reisend)*

Auf diese Art können die meisten englischen Tätigkeitswörter die Verlaufsform bilden.

they are sleeping
ðäi ah ßlihping
sie sind schlafend
sie schlafen gerade

I am smoking
ei äm ßmouking
ich bin rauchend
ich rauche gerade

Vergangenheit

Die Vergangenheit wird benutzt, wenn ein Vorgang wirklich vergangen und abgeschlossen ist. Besonders in Verbindung mit einer Zeitbestimmung der Vergangenheit muss die Vergangenheit *(ich mietete)* und nicht die vollendete Gegenwart *(ich habe gemietet)* genommen werden.

Last year I rented an appartment.
lahßt ji-è ei ränntèd èn èpahtmènt
Letztes Jahr mietete ich ein Appartment.

Zeitbestimmungen der Vergangenheit können sein:

last week	lahßt wihk	letzte Woche
yesterday	jäßtèrdäi	gestern
the day before	ðè däi bihfohr	vorgestern
a week ago	ðè wihk ègou	vor einer Woche

einfache Form

Regelmäßige Tätigkeitswörter bilden die Vergangenheit, indem einfach ein -ed an das Wort angehängt wird. Ein Trost für alle, die glauben, dass es jetzt sehr kompliziert wird: diese Form gilt für alle Peronen gleichermaßen:

I, you, he, she, it, we, you, they **rented**
ich mietete, du mietetest, er/sie/es mietete, wir mieteten, ihr mietetet, sie mieteten

Gleich jetzt sollte man die Vergangenheit von have *(haben)* und be *(sein)* lernen, da diese Formen häufig gebraucht werden.

Wenn man keine Lust hat, die Vergangenheitsformen der unregelmäßigen Tätigkeitswörter zu lernen, kann man sich gut behelfen, indem man statt der einfachen Form in der Vergangenheit die entsprechende Verlaufsform nimmt.

I, you, he, she, it, we, you, they **had**
ich hatte, du hattest, er/sie/es hatten,
wir hatten, ihr hattet, sie hatten

Die Beugung von „sein“ ist jedoch etwas unregelmäßiger:

I was	ei wohs	ich war
you were	juh wöèr	du warst
he/she/it was	hih/schih/itt wohs	er/sie/es war
we were	wih wöèr	wir waren
you were	juh wöêr	ihr wart
they were	ðäi wöèr	sie waren

Verlaufsform

Die Verlaufsform in der Vergangenheit soll ausdrücken, dass in einem vergangenen Zeitraum eine Handlung ablief. Dazu muss man statt „ich bin gehend“ sagen „ich war gehend“: Dazu bildet man: „sein“ in der Vergangenheit + zweites Tätigkeitswort + -ing:

I was eating	ei wohs ihting	*ich aß (war essend)*
you were eating	juh wöèr ihting	*du aßest (warst essend)*
he/she/it was eating	hih/schih/itt is ihting	*er/sie/es aß (war essend)*
we were eating	wih wöèr ihting	*wir aßen (waren essend)*
you were eating	juh wöèr ihting	*ihr aßt (wart essend)*
they were eating	ðäi wöèr ihting	*sie aßen (waren essend)*

Vollendete Gegenwart

Die vollendete Gegenwart wird im Deutschen entweder mit einer Form von „haben“ oder „sein“ gebildet (ich habe gemietet, ich bin gegangen). Das Englische ist da wesentlich praktischer. Die vollendete Gegenwart wird immer mit einer Form von have *(haben)* gebildet. Daran schließt sich die Vergangenheitsform des betreffenden Tätgigkeitsworts mit der Endung -ed an: I have travelled *(ich bin gereist)*; I have rented *(ich habe gemietet)*.

ich bin gereist	**I have travelled**	ei häw träwèld
du bist gereist	**you have travelled**	juh häw träwèld
er/sie/es ist gereist	**he/she/it has travelled**	hih/schih/itt häs träwèld
wir sind gereist	**we have travelled**	wih häw träwèld
ihr seid gereist	**you have travelled**	juh häw träwèld
sie sind gereist	**they have travelled**	ðäi häw träwèld

Auch in der vollendeten Gegenwart sind viele Tätigkeitswörter unregelmäßig. Die Verlaufsform der vollendeten Gegenwart kann hier weggelassen werden. Sie ist zu kompliziert zu bilden. Die einfache Form reicht zur Verständigung aus. Der Gebrauch der vollendeten Gegenwart unterscheidet sich im Englischen vom Deutschen. Während wir bei vielen Vorgängen, die in der Vergangenheit begannen und in der Gegenwart noch andauern, die Gegenwart nehmen, benutzt man im Englischen die vollendete Gegenwart:

I have lived in Chennai for one year.
ei häw liwwd in tschennai fohr wann ji-èr
ich habe gelebt in Chennai für ein Jahr
Ich lebe seit einem Jahr in Chennai (Madras).

Für das deutsche Wort „seit" gibt es zwei Übersetzungen: since und for. since bezeichnet einen festen Zeitpunkt, for eine Zeitdauer.

Since Diwali she has waited for an answer.
ßinß diwahli schih häs wäitid for ènn_ahnßèr
seit Diwali sie hat gewartet für eine Antwort
Sie wartet seit Diwali auf eine Antwort.

For three months she has waited for an answer.
for ðrih mannðs schih häs wäitid fohr ènn_ahnßèr
für drei Monate sie hat gewartet für eine Antwort
Seit drei Monaten wartet sie auf eine Antwort.

Viele Inder haben mit der Unterscheidung der Zeiten Schwierigkeiten und ziehen die einfache Vergangenheitsform vor.

Zukunft

Es gibt mehrere Möglichkeiten, im Englischen die Zukunft auszudrücken. Ich werde mich hier auf die Zukunft mit will *(werden)* beschränken. Sie ist dem Deutschen sehr ähnlich und am gebräuchlichsten. Nach will steht das Tätigkeitswort in ungebeugter Form.

I, you, he, she, it, we, you, they **will** go
ich werde..., du wirst..., er/sie/es werden...,
wir werden..., ihr werdet..., sie werden gehen

Im Deutschen kann man die Zukunft auch mit der Gegenwartsform ausdrücken: „Morgen gehe ich ins Schwimmbad." Das ist im Englischen im Allgemeinen nicht möglich!

Können, Müssen, Möchten

Diese Hilfsworte werden nur in Verbindung mit einem Tätigkeitswort gebraucht.

I can/could read
ei kähn/kudd rihd
ich kann/konnte lesen

she may/might go
schih mäi/meit gou
sie darf/durfte gehen

must *kann die Vergangenheit nicht bilden. Die Ersatzredewendung ist* have to *(haben zu) in der Vergangenheit:*

they must ask
ðäi maßt ahßk
sie müssen fragen

I had to leave my camera behind.
ei häd_tuh lihw mei kämmèrah bihheind
ich hatte zu (ver)lassen meine Kamera zurück
Ich musste meine Kamera zurücklassen.

Die Gegenwartsformen sind unveränderlich. Es wird also bei he/she/it kein -s angehängt. Sie selbst können auch nicht die Verlaufsform bilden. Die Verneinung erfolgt durch n't oder not: he mustn't go *(er muss nicht gehen).* Will man eine andere Zeit als die Gegenwart oder Vergangenheit anwenden, muss man dies umschreiben, statt „können“: „in der Lage sein“. Die Ausdrücke schaut man am besten im Wörterbuch nach, falls man sie braucht.

„wollen“ wird mit want übersetzt. Es kann alle Zeiten bilden und auch ohne ein nachfolgendes Tätigkeitswort stehen. Folgt ein Tätigkeitswort, wird es mit to angeschlossen:

She wants another lassi.
schih wonntß ènnaðèr lassi
sie möchte weitere Lassi
Sie möchte/will ein weiteres Lassi.

He didn't want to take her home.
hih diddnt wonnt_tuh täik höèr houm
er tat'nicht wollen zu nehmen sie Heim
Er wollte sie nicht nach Hause bringen.

In, am, bei & Co.

Hier sehen die wichtigsten Verhältniswörter (Präpositionen) mit ihren Hauptbedeutungen. Natürlich gibt es noch viel mehr Verhältniswörter. Man kann sie zunächst ruhig so gebrauchen wie im Deutschen, auch wenn man manchmal daneben liegt.

at

at 8 o'clock	um 8 Uhr	ätt äit è klock
at the moment	im Augenblick	ätt ðè moumènt
at night	in der Nacht/nachts	ätt neit
at home	zu Hause	ätt houm
at the bus stop	an der Bushaltestelle	ätt ðè baß_ßtopp

on

on friday	am Freitag	onn freidäi
on the table	auf dem Tisch	onn ðè täibèl

In, am, bei & Co.

in

in neintihn-ßäwèntih-feif	**in 1975**	im Jahre 1975
in ðè mohrning	**in the morning**	am Morgen/morgens
in kälkattah	**in Kalkutta**	in Kalkutta
in in-glisch	**in English**	auf Englisch

of

è kapp_off tih	**a cup of tea**	eine Tasse Tee
ðè ßongs off mukehsch	**the songs of Mukesh**	Mukesh's Lieder
è ring_off gould	**a ring of gold**	ein Ring aus Gold

Der Satz

Die Wortstellung des englischen Aussagesatzes ist starrer festgelegt als im Deutschen. Es gilt immer die Reihenfolge Subjekt-Prädikat plus ein eventuelles Objekt:

wer/was?	Aktion	wen/was?
Ramesh	**books**	**a trip.**
ramehssh	bucks	è_tripp
Ramesh	bucht	eine Reise.

Anders als im Deutschen folgen im Aussagesatz Subjekt und Prädikat immer aufeinander. Diese Wortstellung wird im Gegensatz zum Deutschen auch beibehalten, wenn der Satz durch andere Satzglieder erweitert wird:

wann?	wer/was?	Aktion	wohin?
At nine o'clock	**Dhiren**	**goes**	**to the museum.**
ätt nein e_klock	dhiirèn	gous	tu ðè mjusihèm
um neun Uhr	*Dhiren*	*geht*	*zu das Museum*
Um neun Uhr geht Dhiren zum Museum.			

Auch in einem Satzgefüge, d.h. wenn Haupt- und Nebensätze verbunden sind, gilt diese Wortstellung.

wer/was?	Aktion	wen/was	Bindewort	wer/was?	Aktion
I	**eat**	**a dosa**	**because**	**I**	**am hungry.**
ei	iht	è_dohßa	bihkohs	ei ämm	hangrih
ich	*esse*	*eine Dosa*	*weil*	*ich*	*bin hungrig*
Ich esse ein Dosa, weil ich hungrig bin.					

Verneinung

Anders als im Deutschen muss man im Englischen bei der Verneinung der meisten Sätze in allen Zeiten ein Hilfswort benutzen. Weil das normale Tätigkeitswort immer in der Grundform bleibt, also nicht ausdrückt, in welcher Zeit oder Person es angewendet wird, muss diese Aufgabe ein Hilfswort übernehmen. Ist im Satz noch kein Hilfswort enthalten, wird eine verneinte Form von do *(tun)* eingefügt. In der Gegenwart lautet die verneinte Form von do: do not, in der 3. Person Einzahl: does not, in der Vergangenheit: did not. Im gesprochenen Englisch wird das not *(nicht)* allerdings direkt an das Hilfswort angehängt und kurz gesprochen.

do not *wird zu* don't
does not *wird zu* doesn't
did not *wird zu* didn't

I don't see the problem.
ei dount ßih ðè problèmm
ich tue'nicht sehen das Problem
Ich sehe das Problem nicht.

I didn't know her.
ei didènt nou hör
ich tat'nicht kenne sie
Ich kannte sie nicht.

Kommt im zu verneinenden Satz ein anderes Hilfswort vor, wird dieses verneint; do *ist dann nicht nötig.*

She can't manage her luggage.
schih kahnt männidsch hör laggidsch
sie kann'nicht managen ihr Gepäck
Sie kommt mit ihrem Gepäck nicht zurecht.

Fragen

Die Fragewörter sind verwirrend, da sie ähnlich klingen wie im Deutschen, aber oftmals eine andere Bedeutung haben.

where?	wäèr	wo?
what?	wott	was?
who?	huh	wer?
whom?	huhm	wen?
when?	wänn	wann?
why?	wei	warum?
how?	hau	wie?
how many?	hau männih	wie viele?
how much?	hau matsch	wie viel?
how long?	hau long	wie lange?

Wortstellung in Fragesätzen

Wenn das Fragewort Subjekt des Satzes ist, bleibt die normale Wortstellung (Subjekt-Prädikat-Objekt) im Fragesatz erhalten.

wer/was?	Aktion	wem?	was?
Who	**told**	**you**	**that news?**
huh	tould	juh	ðätt njuhs
Wer erzählte dir jene Neuigkeit?			

Doch kommt dieser Fall in Fragesätzen nur sehr selten vor. Man muss sich wohl oder übel an eine andere Wortstellung gewöhnen. Die ist allerdings für deutsche Ohren gar nicht so neu. Sie entspricht nur nicht dem korrekten Hochdeutsch. Wie in der Verneinung werden Fragen mit einer Form von do *(tun)* gebildet, die zwischen Fragewort und Subjekt tritt:

Fragewort	Hilfswort	wer/was?	Aktion	wen/was?
Why	**do**	**you**	**take**	**the bus?**
wei	duh	juh	täik	ðè baß
warum	*tust*	*du*	*nehmen*	*der Bus*
Warum nimmst du den Bus?				

Fragewort	Hilfswort	wer/was?	Aktion
When	**does**	**the boat**	**leave?**
wänn	dahs	ðè bout	lihw
wann	*tut*	*das Schiff*	*verlassen*
Wann legt das Schiff ab?			

Ist ein anderes Hilfsvwort vorhanden, so wechselt es seine Stellung im Satz und dient zur Fragebildung.

Fragewort	Hilfswort	wer/was?	Aktion	wen/was?
Where	**will**	**they**	**spend**	**their holidays?**
wäèr	will	ðäi	ßpännd	ðäèr hollihdäis
wo	*werden*	*sie*	*ausgeben*	*ihre Ferien*
Wo werden sie ihre Ferien verbringen?				

Natürlich können im Englischen auch Fragen ohne Fragewort gebildet werden. Die eben gezeigte Wortstellung wird beibehalten.

Hilfswort	wer/was?	Aktion
Does	**the boat**	**leave?**
dahs	ðè bout	lief
tut	*das Schiff*	*verlassen*
Legt das Schiff ab?		

Yes, it does.
jäß itt dahs
ja es tut
Ja.

No, it doesn't.
nou itt dahsènt
nein es tut'nicht
Nein.

In der Vergangenheit sieht das so aus:

Hilfswort	wer/was?	Aktion	wen/was?
Did	**my brother**	**forget**	**his ticket?**
didd	mei braðèr	fohgätt	his tickèt
tat	*mein Bruder*	*vergessen*	*sein Ticket*
Hat mein Bruder seine Fahrkarte vergessen?			

Yes, he did.
jäß hih didd
ja er tat
Ja.

No, he didn't.
nou hih diddnt
nein er tat'nicht
Nein.

Ein typischer Fehler der Inder ist hierbei übrigens, beide Zeitformen in die Vergangenheit zu setzen.

Did he forgot?
didd hih fohgatt
tat er vergaß
Hat er vergessen?

Und, aber, weil ...

Bindewörter sind eigentlich erst dann wichtig, wenn man schon etwas Englisch kann und längere Sätze bilden möchte. Hier nur die Wichtigsten:

because *kann nicht am Satzanfang stehen!*

because	bihkohs	weil
but	batt	aber/sondern
if	iff	wenn/falls
and	ännd	und
although	ohlđou	obwohl
therefore	đäèrfohr	deshalb
that	đätt	dass

This is my son and that is my daughter.
điß is mei ßann ännd đätt is mei dohtèr
Dies ist mein Sohn und das ist meine Tochter.

He is really a polite man, but he's so boring.
hih is rihlih è pèlleit män batt hihs ßou bohring
er ist wirklich ein höflich Mann aber er'ist so langweilig
Er ist wirklich ein höflicher Mann, aber er ist so langweilig.

Zahlen & Mengen

Die Zahlen sind in den meisten indischen Sprachen ein sehr leidiges und kompliziertes Thema, gibt es doch eigene Namen für alle Zahlen von 0 bis 99 und nicht Zahlkonstrukte wie bei uns oder im Englischen. Aus diesem Grund benützen viele Inder grundsätzlich die englischen Zahlen und dementsprechend versteht diese auch fast jeder.

0	**zero**	sihrou	10	**ten**	tänn
1	**one**	wann	11	**eleven**	iläwwèn
2	**two**	tuh	12	**twelve**	twälw
3	**three**	ðrih	13	**thirteen**	ðörtihn
4	**four**	fohr	14	**fourteen**	fohrtihn
5	**five**	feiw	15	**fifteen**	fifftihn
6	**six**	ßikß	16	**sixteen**	ßikßtihn
7	**seven**	ßäwèn	17	**seventeen**	ßäwèntihn
8	**eight**	äit	18	**eighteen**	äitihn
9	**nine**	nein	19	**nineteen**	neintihn

20	**twenty**	twänntih
21	**twenty one**	twänntih wann
22	**twenty two**	twänntih tuh ...
30	**thirty**	ðörtih
40	**forty**	fohrtih
50	**fifty**	fifftih
60	**sixty**	ßikßtih
70	**seventy**	ßäwèntih
80	**eighty**	äitih
90	**ninety**	neintih

Ab zwanzig werden die Einerstellen nach den Zehnerstellen, also umgekehrt wie im Deutschen, gezählt.

100	**(one) hundred**	(wann) hanndrid
500	**five hundred**	feiw hanndrid
1000	**(one) thousand**	ðausènd
10000	**ten thousand**	tänn ðausènd

In Indien gibt es für einige Zahlen ab 100.000 eigene aus den indischen Sprachen entlehnte Namen sowie Schreibweisen.

100.000	**(one) lakh**	*(1,00.000)*	(wann) läck
1.000.000	**ten lakhs**	*(10,00,000)*	tänn läckß
	(one) million		(wann) milljèn
10.000.000	**(one) crore**	*(1,00,00,000)*	(wann) krohr
100.000.000	**(one) arab**	*(1,00,00,00,000)*	(wann) arab

Die Ausdrücke crore und arab werden von anderen Englischsprachigen nicht verwendet. Hier sagt man einfach ten million tänn milljèn und one billion wann billjèn.

Ordungszahlen

Die Ausdrücke number one! nambèr wann *oder* first class! föhßt klahs *bedeuten in etwa „alles erste Sahne!“*

Mit Ausnahme der Zahlen eins bis drei entsteht die Ordnungszahl durch Anfügen der Endung -th an die Grundzahl.

1st	**first**	föhrßt
2nd	**second**	ßäckènd
3rd	**third**	ðöhrd
4th	**fourth**	fohrð
5th	**fifth**	fiffð
10th	**tenth**	tännð
11th	**eleventh**	ihläwènð

12th	**twelfth**	twälfð
13th	**thirteenth**	ßöhrtihnð
20th	**twentieth**	twänntihèð
21st	**twenty first**	twänntih föhrßt
22nd	**twenty second**	twänntih ßäckènd

once	wannß	einmal
twice	tweiß	zweimal
three times	ðrih teims	dreimal
four times	fohr teims	viermal
sometimes	ßammteims	manchmal

Mengenangaben

some	ßamm	einige/einiges	
any	ännih	einige/einiges	*bei Fragen + Verneinung*
every	äwwrih	jede(r/s)	
no	nou	keine(r/s)	
many	männih	viele	*zählbare: Personen/Dinge*
much	matsch	viel	*unzählbare Masse*
a lot of	è_lott_off	viel/viele	
a few	è_fjuh	ein paar/wenige	
a little	è_littèl	ein wenig	
a little bit	è_littèl_bitt	ein bisschen	
all	ohl	alle/alles	
a kilo	è kihlou	ein Kilo	
a pound of	è paund_off	ein Pfund (von)	
a litre	è lihtèr	ein Liter	
half of	hahf_off	die Hälfte (von)	
a quarter of	è kwohtèr_off	ein Viertel (von)	
a piece of	è pihß_off	ein Stück (von)	
a pair of	è pär_off	ein Paar	
some	ßamm	einige/ein paar	

Uhrzeit & Datum

Tja, das mit dem Zeitverständnis ist so eine Sache in Indien. Wer preußische Pünktlichkeit gewohnt ist, wird auf dem Subkontinent ab und zu auf eine Zerreißprobe gestellt.

ènn_auwèr	**an hour**	eine Stunde
è minnitt	**a minute**	eine Minute
è ßäckènd	**a second**	eine Sekunde
hahf_ènn_auwèr	**half an hour**	eine halbe Stunde
è kwohtèr_off ènn_auwèr	**a quarter of an hour**	eine Viertelstunde
on teim	**on time**	pünktlich

Die Floskel one minute! wann minnitt oder auch ek minute! ek minnitt wird oft verwendet um unser „Entschuldigen Sie bitte!“ auszudrücken.

What time is it?
wott teim is_itt
was Zeit ist es
Wie spät ist es?

It's late/early.
itts läit/öhrlih
es'ist spät/früh
Es ist spät/früh.

It's seven o'clock/p.m./a.m.
ittß ßäwèn ou klock/pi äm/äj äm
es'ist sieben Uhr/Nachmittag/Vormittag
Es ist sieben Uhr (nachmittags/vormittags).

Die 1. bis 30. Minute einer Stunde bezieht man mit past *(vergangen, nach)* auf die vorhergehende Stunde, die 31. bis 59. Minute mit to *(zu, vor)* auf die folgende volle Stunde.

twenty four minutes past two
twänntih fohr minnittß pahßt_tuh
24 Minuten nach zwei

a quarter past eleven
è_kwohtèr pahst ihläwèn
Viertel nach elf

half past five
hahf pahßt feiw
halb sechs

twenty seven minutes to eight
twänntih ßäwèn minnittß tuh äit
zwanzig sieben Minuten zu acht
drei Minuten nach halb acht

a quarter to four
è_kwohtèr tuh fohr
ein Viertel zu vier
Viertel vor vier

It's five seventeen.
ittß feiw ßäwèntihn
es'ist fünf siebzehn
Es ist 5:17 Uhr.

The train arrives on time.
ðè träin èrreiws on teim
der Zug kommt-an in Zeit
Der Zug ist pünktlich.

Sunday	ßanndäi	Sonntag
Monday	manndäi	Montag
Tuesday	tjuhsdäi	Dienstag
Wednesday	wännsdäi	Mittwoch
Thursday	ðörsdäi	Donnerstag
Friday	freidäi	Freitag
Saturday	ßättèrdäi	Sonnabend

on Monday(s)
on manndäi(s)
montags

on weekends
on wihkänds
an Wochenende

Zeitworte

däi	**day**	Tag
wihk	**week**	Woche
mannð	**month**	Monat
däit	**date**	Datum
jäßtèrdäi	**yesterday**	gestern
tuhmohrrou	**tomorrow**	morgen
tuhdäi	**today**	heute
(in ðè) mohrning	**(in the) morning**	(am) Morgen
ðiß mohrning	**this morning**	Morgen
ätt lanschteim	**(at) lunch-time**	zur Mittagszeit
(in ðih) ahftèrnuhn	**(in the) afternoon**	(am) Nachmittag
ihwèning	**evening**	Abend
tuneit	**tonight**	heute Abend
(in ðè) neit	**(in the) night**	(in der) Nacht

yesterday night
jäßtèrdäi neit
gestern Nacht

today morning
tuhdäi mohrning
heute Morgen

Datum

What's today's date?
wottß tuhdäis däjt
was'ist heute'von Datum
Was ist heute für ein Datum?

Today's the first of April.
tuhdäis ðè föhrßt off äiprill
heute'ist der erste von April
Heute ist der erste April.

What's your birthdate?
wottß juhr börð däjt
was 'ist dein Geburtsdatum
Wann ist dein Geburtsdatum?

Es werden drei Zeitrechnungen in Indien verwendet: die christlich-gregorianische, die hinduistische und die moslemische. Letztere stelle ich Ihnen im Kapitel „Glaube & Feste" vor.

christlich-gregorianischer Kalender

January	dschännju-ärih	Januar
February	fäbru-ärih	Februar
March	mahtsch	März
April	äiprill	April
May	mäi	Mai
June	dschuhn	Juni
July	dschulei	Juli
August	ohgèßt	August
September	ßäptämbèr	September
October	oktoubèr	Oktober
November	nouvämbèr	November
December	dihßämbèr	Dezember

Für Januar verwendet man auch die Kurzform Jan dschähn *und für Februar* Feb fäb*!*

Persons
public
are social
Culprits
fined and
BE AN ALER
KEEP MUMBAI
Littering,
in public
and
Rs
BRIHANMUMBAI MAHANAGARPALIKA
Committed to the City's Welfare

Kurz-Knigge

Indien ist seit vielen Jahren ein beliebtes Reiseziel und tatsächlich haben sich die Inder an Touristen gewöhnt. Trotzdem sollte man nicht vergessen, dass Indien ein extrem religiöses Land ist, in dem jede Glaubensgruppe ihre eigenen Regeln und Gesetze hat. Sich immer 100%ig richtig zu verhalten ist praktisch unmöglich, dennoch sollte man grundsätzlich Verständnis, Toleranz und Interesse mitbringen. Kritik am Land, an den fremden Bräuchen, an der Armut oder am Schmutz ist nicht erwünscht. Die Inder sind überaus patriotisch und man sollte ihnen hierbei nicht widersprechen.

Indien ist mit unaufhaltbarer Geschwindigkeit über die Milliardenmarke in Sachen Einwohner hinweggerast. Europäer müssen sich in Indien erstmal an die vielen Menschen gewöhnen. Seien Sie trotzdem stets freundlich und versuchen Sie nicht arrogant zu wirken.

Kleidung

Trotz des heißen Klimas sollte man als Mann immer lange Hosen tragen und auf Shorts und ärmellose Hemden oder T-Shirts verzichten. Ein nackter Oberkörper ist vollkommen unmöglich. Als Frau ist es unbedingt notwendig, Hosen oder Röcke zu tragen, die bis über das Knie reichen. Auch müs-

Viele Touristen entwickeln in Indien den Wunsch das Hippie-Outfit der späten 60er Jahre aufleben zu lassen. Die meisten Inder schütteln darüber innerlich den Kopf und nehmen den Ausländer für nicht „ganz voll". Wer ernst genommen werden will, dem empfehle ich seriöse Kleidung.

sen das Dekolletee und die Schultern stets bedeckt sein. Ein BH ist immer zu tragen. Typisch indische Frauenkleidung wie der Shalwar Qameez können speziell bei Bus- und Zugreisen sehr praktisch und bequem sein.

Armut

Indien ist eines der ärmsten Länder der Welt. Viele Menschen leben in unvorstellbaren Verhältnissen und jeder Tourist gilt als unverhältnismäßig reich. Ein Flug nach Indien kostet mehr, als die meisten Inder in einem Jahr verdienen. Benehmen Sie sich daher entsprechend zuvorkommend. Sich nicht übers Ohr hauen zu lassen ist eine Sache, um 10 Rupees (ca. 25 Eurocents) zu streiten, eine andere! Auch wird man von Bettlern – oft Kinder – angesprochen und sollte hier auf keinen Fall arrogant erscheinen, sondern sich diplomatisch aus der Affäre ziehen!

Rollenbilder

Die Rolle von Mann und Frau ist in Indien sehr klar definiert. Westliche Paare sollten in der Öffentlichkeit auf jede offenzügige Art von Zärtlichkeit (vom Händchenhalten angefangen) verzichten. Zusätzlich ist es sicher nicht verkehrt, sich als Ehepaar auszugeben, auch wenn das gar nicht stimmt. In Hotels ist das oft die einzige Möglichkeit, ein Doppelzimmer zu bekommen. Wenden Sie sich bei

Fragen immer an Gleichgeschlechtige und vermeiden Sie jede Berührung mit dem anderen Geschlecht.

Es ist insgesamt nicht zu empfehlen als Gast in einem Land zu schimpfen und dann schon gar nicht in Englisch – der Sprache der früheren Besatzungsmacht. Also wenn man wirklich schimpfen will, sollte man das in Deutsch tun.

linke Hand

Die linke Hand gilt unter Indern als unrein, da sie zur Säuberung auf der Toilette verwendet wird. Daher darf man nie jemanden mit ihr begrüßen und sie auch nicht verwenden, um Speisen, Geschenke usw. zu übergeben.

Hygiene

Zugegebenermaßen ist Indien nicht gerade das sauberste Land und manchmal ist man etwas überfordert mit dem ständigen Anblick von Schmutz und Müll. Inder spucken was das Zeug hält und der ein oder andere macht sein Geschäft schon mal inmitten des Bürgersteiges. Verkneifen Sie sich trotzdem Ihre Kritik!

Tempelbesuch

Wer sich für die Religionen der Inder interessiert kann die verschiedenen Gebetsstätten besuchen. Ob in Tempeln, Moscheen oder buddhistischen Klöstern, allen ist gemein, dass vor Betreten die Schuhe ausgezogen werden müssen. Bei Fragen sollte man sich nie an Betende wenden!

Begrüßen & Verabschieden

Inder legen viel Wert auf gute Erziehung. Daher sind respektvolle Umgangsformen unbedingt notwendig. Die richtige Begrüßung ist hier der Anfang. Unter Freunden begrüßt man sich mit: **Hello!** hällou Hallo! Unter Bekannten, in Geschäften oder zu Fremden deren Glauben man nicht kennt, sagt man:

Good morning!
gudd mohrning
gut Morgen
Guten Tag!
(bis 12 Uhr mittags)

Good afternoon!
gudd ähftèrnuhn
gut Nachmittag
Guten Tag!
(ab 12 Uhr mittags)

Good evening!
gudd ihwèning
Guten Abend!

	Sir	sör	Herr / mein Herr
	Madam	mädäm	Frau / meine Dame
	Mrs. ...	mißiß	Frau „XY“
	Miss (...)	miß	Fräulein („XY“)
	Sahib	ßahb	Herr / mein Herr
im Norden Indiens	**...ji**	dschih	Herr oder Frau
für Hindus	**Shree...**	schrih	Herr „XY“
für Hindus	**Shreemati (...)**	schrimatih	Frau („XY“)
für Hindus	**Kumari (...)**	kumarih	Fräulein („XY“)
für Moslems	**Janab (...)**	dschanab	Herr („XY“)
für Mosleminnen	**Begum (...)**	begam	Frau („XY“)
für alte Moslems	**Hadji (...)**	hadschih	Herr („XY“)

Hello sir!
hällou sör
Hallo Herr
Guten Tag mein Herr!

Man sollte Fremde immer erst mit ihrem Nachnamen anreden und erst nach einiger Zeit den Vornamen gebrauchen. Der Händedruck ist dabei üblich. Außerdem gibt es noch religionsspezifische Grußformeln. Hindus führen beide Handflächen vor der Brust zusammen, blicken ihrem Gegenüber in die Augen und sagen zum Gruß:

Namaste!
namaßte
sei-gegrüßt

Namaskar!
namaßkahr
sei-gegrüßt

Die Religion der meisten Inder ist der Hinduismus. Im Süden hört man Namaskaram namaßkahram *und im Bundesstaat Tamil Nadu* Wanakkam wanakkam!

Beim traditionellen arabischen Gruß für gläubige Moslems reicht man sich die Hände oder umarmt sich mit Gleichgeschlechtigen:

Salamu aleykum!
ßalamu aläjkum
Friede über-euch
Friede sei mit dir!

Waleykum salam!
waläjkum ßalam
und-über-euch Friede
Und mit dir sei Friede!

Die Sikhs reichen sich ebenfalls die Hände und sagen:

Sat shree akal!
ßaht schrih akahl
Respekt Seele Weisheit

Treffen sich Angehörige verschiedener Religionen, grüßt man sich jeweils mit der Begrüßungsformel des Anderen, also sagt jeder etwas anderes.

begrüßen beim ersten Treffen

Pleased to meet you!
plihßd tuh miht juh
erfreut zu treffen du
Ich bin froh Ihre Bekanntschaft zu machen!

Nice to meet you!
neiß tuh miht juh
schön zu treffen du
Sehr erfreut!

Wohlbefinden

How are you?
hau ah juh
wie bist du
Wie geht es dir?

How do you do?
hau duh juh duh
wie tun du tun
Wie geht es so?

pakka *heißt auf Hindi wörtlich „reif". Inder sagen nie, dass es ihnen schlecht geht, da sie Sie nicht mit ihren Problemen belästigen wollen und es ein Zeichen von Schwäche wäre.*

How is life?
hau is leif
wie ist Leben
Wie geht es?

How is your health?
hau is juhr hälð
wie ist deine Gesundheit
Wie geht es der Gesundheit?

Very good!
wärih gudd
sehr gut
Sehr gut!

Pakka, first class!
packa föhrßt kläß
gekocht erste Klasse
Mir geht's supergut!

I am fine!	**Alright!**	**Not bad!**
ei äm fein	ohlreit	natt bäd
ich bin fein	*alles-richtig*	*nicht schlecht*
Mir geht es gut!	Es geht so!	Nicht schlecht!

Manchmal wird auch einfach mit dem Kopf von einer auf die andere Seite gewackelt und dazu eine leicht winkende Bewegung mit der Hand ausgeführt. Das heißt dann soviel: „Alles soweit in Ordnung!"

verabschieden

Bye bye!	**See you!**	**Good-bye!**
bei bei	ßih juh	gudd bei
tschüss tschüss	*sehen du*	*gut tschüss*
Tschüss!	Tschüss!	Auf Wiedersehen!

Good night!	**See you soon!**
gudd neit	ßih juh ßuhn
gut Nacht	*sehen du bald*
Gute Nacht!	Bis zum nächsten Mal!

Das erste Gespräch

Inder sind aufgeschlossen und hilfsbereit. Sie gehen auf Fremde zu und sind neugierig. Das erste Gespräch wird deshalb nicht lange auf sich warten lassen:

What's your name?
wottß johr näim
was'ist dein Name
Wie heißen Sie / Wie heißt du?

Inder haben meist ein hervorragendes Namensgedächnis und sie merken sich selbst, für sie fremdartige Namen nach einmaligem Hören. Versuchen Sie sich daher auch den Namen Ihres Gegenübers einzuprägen. Oft nachfragen gilt als unhöflich.

In Indien ist der Name sehr wichtig. Namen sagen aus, welcher Religion derjenige angehört, woher man kommt und bei Hindus zu welcher Kaste man gehört. Um so verblüffter schaut der Fragende, wenn er mit dem Namen nichts verbinden kann.

My name is Fritz.
mei näim is frits
mein Name ist Fritz
Ich heiße Fritz.

And my name is Abhimanju Srirangam.
ènd mei näim is abhimandschu schrirangam
Und mein Name ist Abhimanju Srirangam.

Meet my wife Anne.
miht mei weif änn
treffe meine Ehefrau Anne
Das ist meine Frau Anne.

May I introduce you to my husband.
mäi ei introdjus juh tuh mei haßbänd
könnte ich vorstellen du meine Ehemann
Darf ich Ihnen meinen Mann vorstellen.

Welcome to India!
wälkam tuh indja
willkommen zu Indien
Sei willkommen in Indien!

Thank you!
ðänk_juh
danke du
Danke sehr!

Where do you come from?
wäèr duh juh kamm fromm
wo tun du kommen her
Woher kommst du?

I am from Germany!
ei äm fromm dschörmèni
ich bin aus Deutschland
Ich komme aus Deutschland!

I am German.
ei äm dschörmèn
Ich bin Deutscher / Deutsche.

Belgium	bäldschèm	Belgien
Belgian	bäldschèn	Belgier(in)
Netherlands	näðèrländß	Niederlande
Dutch	datsch	Niederländer(in)
Austria	ostrijah	Österreich
Austrian	ostrijän	Österreicher(in)
Switzerland	switzèrländ	Schweiz
Swiss	swiß	Schweizer(in)
Luxemburg	laksènbörg	Luxemburg

Österreicher werden oft mit Australiern verwechselt. Klingen doch Austria *und* Australia osträlijah *zum Verwechseln ähnlich.*

Fragen Sie auch Ihre indischen Mitreisenden:

Where do you come from in India?
wäèr duh juh kam from in_indja
wo tust du kommen von in Indien
Woher kommen Sie in Indien?

Where're you travelling to?
wäèr_èr juh träweling tuh
wo'bist du reisend nach
Wohin reisen Sie?

You're from here/from Delhi?
juhr from hi-èr from dälhi
du'bist von hier von Delhi
Sind Sie von hier/Delhi? ....

Grundsätzlich kann man Kinder und alte Leute nach dem Alter fragen. Frauen sollte man jedoch nicht direkt darauf ansprechen. Eine gute Frage wäre: „Wie alt ist Ihre Mutter?"

How old are you?
hau old ar_juh
wie alt bist du
Wie alt bist du?

I'm twenty-five.
eim twenti faif
ich'bin zwanzig-fünf
Ich bin 25.

Beruf

What is your job?
wott is juhr dschobb
was ist dein Beruf
Was bist du von Beruf?

I work in a government office.
ei wörk inn è gawèrmentt ohfiß
ich arbeite in ein Regierung Büro
Ich bin Regierungsbeamter.

I work in a hospital / an office.
ei wörk inn ò hoßpitäl èn ohfiß
Ich arbeite in ein Krankenhaus ein Büro
Ich arbeite in einem Krankenhaus/Büro.

bank	bänk	Bank
post	poußt	Post
school	skuhl	Schule
shop	schopp	Geschäft
workshop	wörkschopp	Manufaktur
factory	fäktori	Fabrik
mill	mill	Mühle (Getreide)
military	militäri	Militär, Armee

I'm a/an ...
eim è/èn
ich'bin ein
Ich bin ein ...

labourer	läbarèr	Arbeiter
karigar	karigahr	Arbeiter *(Hindi)*
jobless	dschobbleß	Arbeitsloser
doctor	doktèr	Arzt
farmer	fahmèr	Bauer
photographer	fotografèr	Fotograf
businessman	bißnißmän	Geschäftsmann
engineer	ändschiniehr	Ingenieur
journalist	schournalißt	Journalist
artist	artißt	Künstler
teacher	tidschèr	Lehrer
pensioner	penßionir	Rentner
student	ßtjudänt	Student
technician	teknischen	Techniker

Nicht vergessen: Wenn das nachfolgende Wort mit einem Selbstlaut anfängt, muss der unbestimmte Artikel an *verwendet werden!*

What do you study?
wott duh juh ßtadi
was tust du studieren
Was studieren Sie?

chemistry	kämistri	Chemie
physics	fisikß	Physik
IT	ei ti	Computertechnik
engineering	ändschiniering	Ingenieurswesen
law	loh	Jura
english	inglisch	Englisch
medicine	mädißin	Medizin
ayurveda	ajurweda	indische Medizin

Beliebt ist auch: business administration bisnèß ädministräschèn *Wirtschaft.*

Familie

Are you married?
ar_juh märid
bist du verheiratet
Bist du verheiratet?

No, I'm engaged / a single.
nou eim ängedschd / è ßingl
nein ich'bin verlobt / ein einzel
Nein, ich bin verlobt / ledig.

Do you have children?
du juh häw tschildrèn
tun du haben Kinder
Hast du Kinder?

I have a son.
ei häw è ßan
ich haben ein Sohn
Ich habe einen Sohn.

I don't have any children (yet).
ei dount häw äni tschildrèn jätt
ich tu'nicht haben welche Kinder (schon)
Ich habe (noch) keine Kinder.

In Indien ist es normal, als Mädchen mit 20 und als Junge mit spätestens 25 verheiratet zu sein.

How many children do you have?
hau männih tschildrèn duh juh häw
wie viele Kinder tust du haben
Wieviel Kinder haben Sie?

family	fämili	Familie
father/daddy	faðèr/dädi	Vater
mother/mom	maðèr/mam	Mutter
grandfather	grändfaðèr	Großvater
dada	dada	Opa (väterl.)
nana	nana	Opa (mütterl.)
grandmother	grändfaðèr	Großmutter
dadi	dadi	Oma (väterl.)
nani	nani	Oma (mütterl.)
children	tschildrèn	Kinder
childs	tscheildß	Kinder
son	ßan	Sohn
daughter	dohtèr	Tochter
brother	braðèr	Bruder
sister	ßistèr	Schwester
uncle	ankl	Onkel
chacha	tschatscha	Onkel (väterl.)
kaka	kaka	Onkel (väterl.)
mama	mama	Onkel (mütterl.)
aunt(ie)	ahnt(i)	Tante
chachi	tschatschi	Tante (väterl.)
kaki	kaki	Tante (väterl.)
mami	mami	Tante (mütterl.)

Inder leben in Großfamilien, in denen jeder Einzelne eine bestimmte Rolle spielt. Der Vater repräsentiert die Familie nach außen hin, die Mutter erhält den Frieden innerhalb, die Alten sind die Weisen usw. Hier werden Hindi-Bezeichungen einfach in das Englische eingewebt, da diese die genaue Beziehung zum Sprecher deutlicher machen.

Die Worte boyfriend boifrännd, girlfriend gölfrännd *werden in Indien so gut wie nie verwendet. Voreheliche Beziehungen gibt es einfach nicht!*

cousin	kasin	Cousin, Cousine
groom	gruhm	Bräutigam
bride	braid	Braut
neighbour	nejbah	Nachbar
wife	waif	Ehefrau
husband	haßbänd	Ehemann
fiancé	fiènße	Verlobter
fiancée	fiènße	Verlobte

Will man von den Verschwägerten sprechen, hängt man -in-law inloh *an die Verwandtschaftsbezeichnung, z.B.:* mother-in-law *Schwiegermutter,* son-in-law *Schwiegersohn,* brother-in-law *Schwager.*

This oncle of yours, is he your chacha or your mama?
ðis ankl off juhrß iß hi juhr tschatscha our juhr mama
dieser Onkle von deiner ist er dein „chacha“ oder dein „mama“
Ist das dein Onkel väterlicher- oder mütterlicherseits?

How many are you at home?
hau männih ar_juh ätt houm
wie viele seid ihr zu Heim
Zu wie viel seid ihr Zuhause?

We're seven.
wihr ßäwèn
wir'sind sieben
Zu siebt.

Where is your wife?
wäèr is juhr waif
wo ist deine Ehefrau
Wo ist deine Frau?

She is at home.
schih is ätt houm
sie ist zu Heim
Sie ist zuhause.

die Reise

Have you been to India before?
häw juh bihn tuh indja bifohr
hast du gewesen nach Indien davor
Waren Sie schon einmal in Indien?

That's my first visit to India.
ðättß moi förßt wisit tuh indja
das'ist mein erster Besuch nach Indien
Das ist das erste Mal in Indien.

I have already been to India.
ei häw ohlrädi bihn tuh indja
ich habe schon gewesen nach Indien
Ich war schon einmal in Indien.

I have been to ...
ei häw bihn tuh
ich habe gewesen nach
Ich war schon in ...

How long will you stay?
hau long will juh stäi
wie lange wirst du bleiben
Wie lange bleiben Sie?

I will travel in India for three weeks.
ei will träwèl in indja fohr ðrih wihkß
ich werde reisen in Indien für drei Wochen
Ich werde drei Wochen in Indien reisen.

How do you like India?
hau du juh leik indja
wie tun du mögen Indien
Wie gefällt dir Indien?

I like it very much!
ei leik itt wärih matsch
ich mögen es sehr viel
Es gefällt mir sehr!

Auch wenn es stimmt, sagen Sie zu Rikshafahrern und Touristenführern nicht, dass Sie zum ersten Mal in Indien sind, sonst sind Sie „Freiwild".

das Wetter

Neben den uns bekannten vier seasons ßihsèns Jahreszeiten im Norden Indiens, gibt es im Süden hingegen nur zwei Jahreszeiten: die kältere regenarme Zeit und die heiß-schwüle Regenzeit – die Zeit des monsoon monßuhn oder barsat barßaht.

spring	ßpring	Frühling
summer	ßammèr	Sommer
autumn	ohtèmm	Herbst
winter	winntèr	Winter
cold season	kohld ßihsèn	kalte Jahreszeit
rainy season	rähni ßihsèn	Regenzeit

Das Wetter in Indien kann einem manchmal schwer zu schaffen machen und nicht selten werden die Reisepläne dadurch beeinträchtigt.

The river is flooded.
ðè riwèr is fladèd
der Fluss ist überschwemmt
Der Fluss ist überflutet.

The road was blocked by a landslide.
ðè rohd wos blokèd bei è ländßleid
die Strasse war blockiert bei ein Erdrutsch
Die Straße ist durch einen Erdrutsch versperrt.

Do you have an umbrella for me?
duh juh häw èn ambrälla four mih
tust du haben ein Regenschirm für mich
Hast du einen Regenschirm für mich?

Floskeln & Redewendungen

Inder verwenden die Höflichkeitsfloskeln weit weniger als z.B. in England. In ihren Augen versteht es sich von selbst, dass man um etwas bittet und es nicht einfach verlangt.

bitten

Für unser aufforderndes „bitte" verwendet man please plihs.

Tea please!
ti plihs
Tee bitte
Einen Tee bitte!

Here you are!
hi-èr juh ah
hier du bist
Bitte (sehr)!

I would like something to eat please.
ei wud leik ßamðing tuh iht plihs
ich würde mögen etwas zu essen bitte
Ich möchte bitte etwas zu essen.

danken

Danke heißt thank you ðänk_juh. Kellner, Rikscha- und Taxifahrer bedanken sich bei Ausländern oft mit einem:

Thank you boss!
ðänk_juh boß
danken du Chef
Danke Chef!

Thank you madam!
ðänk_juh mädäm
danken du Dame
Danke meine Dame!

Verdrehte Welt: Inder bedanken sich bei einem Beamten, der sich stur stellt. Türsteher in Hotels danken Touristen, wenn sie ihnen die Tür aufhalten.

sich entschuldigen

Möchte man sich in einer Menschenmenge Platz verschaffen, sind zuviel Höflichkeit und gute Erziehung unnötig. Ein kurzes leicht forderndes Side! ßeid = *Seite ist eher üblich.*

Sorry!
ßorrih
Verzeihung
Verzeihung!

I'm sorry!
eim ßorrih
ich'bin Verzeihung
Es tut mir Leid!

Excuse me!
ikßkjuhs mih
entschuldige mich
Entschuldigung!

It doesn't matter!
itt dahsnt mättèr
es tut-n'icht Angelegenheit
Das macht nichts!

Oh that's fine!
oh ðättß fein
oh das'ist fein
Das macht nichts!

zustimmen / ablehnen / überrascht sein

Indische Begriffe werden einfach auch beim Englisch sprechen eingewoben. Insha'allah! = *„wenn-wollte-Gott" sagen vor allem Moslems.*

haa ji! *und* nahi! *sind Hindi-Ausdrücke, die Sie im Norden zu hören bekommen.*

Will der Inder „ja" sagen, wackelt er mit dem Kopf locker von der einen auf die andere Seite. Bei „nein" zieht er den Kopf seitlich und schnalzt dabei mit er Zunge. Worte werden seltener gebraucht.

Yes!/Haa ji!	jäß/ha dschih	Ja!
No!/Nahi!	nou/naih	Nein!
OK!	okej	Gerne!
Alright!	ohlreit	Einverstanden!
Not bad!	natt bäd	Nicht schlecht!
Bas!	baß	Das reicht!
Arre!	arre	Hey!
Insha'allah!	inscha'allah	Vielleicht!

As you like!	**No doubt!**	**You are right**
ès juh leik	nou daut	juh ar rait
wie du mögen	*nicht Zweifel*	*du bist richtig*
Wie du willst!	Auf jeden Fall!	Du hast Recht!

Oft hört man das Hindi-Wort für „gut" in verschiedenen Anwendungen:

accha! attschah	
Gut!	*begeistert*
Toll!	*bewundernd*
Ich verstehe! Ja in Ordnung!	*zustimmend*
Na gut, wenn es denn unbedingt sein muss!	*etwas unzufrieden*
accha? attschah	
Ehrlich?	*bewundernd*
Nein wirklich? Gibt es denn so was?	*überrascht*
Tatsächlich? Kein Witz?	*zweifelnd*
Was? Das meinst du doch nicht im Ernst?	*leicht kritisierend*

I don't care!
ei dount kähr
ich tun'nicht kümmern
Das ist mir egal!

That's none of my business!
ðättß nann off mei bißnäß
das'ist kein von mein Geschäft
Was geht mich das an?

Are Baap!	**He Bhagwan/Ram!**	*Oder ganz auf Englisch:*
arre bahp	he bhagwahn/rahm	My God! mei god
hey Vater	*hey Bhagwan/Rama*	*Lieber Gott!*
Mann o Mann!	Oh Gott/Rama!	

Oft verwenden Inder auch die Hindi-Wörter für „das heißt....“:

matlab....
mattlab
das heißt....

yani....
jahnih
das bedeutet....

gratulieren

Wie bei uns werden Geburtstage, Neujahr und andere Anlässe zum Feiern gerne zum Gratulieren benutzt.

Happy birthday!
häppih börödäi
glücklich Geburtstag
Alles Gute zum Geburtstag!

Happy New Year!
häppih njuh jihr
glücklich neues Jahr
Frohes Neues Jahr!

All the best to you!
ohl ðè bäßt tuh juh
alles das Beste zu dir/Sie
Alles Gute!

Glauben & Feste

Kaum ein Land der Welt hat eine derartige Vielfalt an Glaubensrichtungen wie Indien. Atheismus löst in Indien nur Unverständnis aus. Die meisten Inder sind gläubige Hindus aber es gibt unter anderem große moslemische und buddhistische Minderheiten.

religion	relidschèn	Religion
Hinduism	hinduism	Hinduismus
hindu	hindu	Hindu
Islam	ißlam	Islam
muslim	mußlim	Moslem
musalman	musèlman	Moslem
Buddhism	buddhism	Buddhismus
buddhist	buddhißt	Buddhist
Jainism	dschainism	Jainismus
jain	dschain	Jain
Sikhism	sikhism	Sikhismus
sikh	ßikh	Sikh
saldaji	ßaldadschi	Sikh
parsi	parßih	Zarathustrier
Christianity	krißtschiäniti	Christentum
christian	krißtschèn	Christ
Judaism	dschudaism	Judentum
jew	dschuh	Jude

Zoroastrianism
soroastrianism
Zarathustrische Religion

What is your religion?
wott is juhr relidschèn
was ist deine Religion
Welchen Glauben haben Sie?

Are you a Muslim?
ar_juh è mußlim
bist du ein Moslem
Sind Sie Moslem?

No, I'm a Christian.
nou eim è krißtschèn
nein ich'bin ein Christ
Nein, ich bin Christ.

das hinduistische Kastensystem

Beim Kastensystem handelt es sich um eine Unterteilung der Geselschaft in vier Gruppen, ähnlich dem mittelalterlichen Ständesystem. Da sind erstens die Brahmanen, die sich traditionell um religiöse Belange kümmern. Die zweite Gruppe sind die Kshatriya, die vor allem in der Regierung und in der Armee Zuhause sind. Drittens die Vaishya: Händler und Geschäftsleute und viertens die Shudra: Bauern. Daneben gibt es Kastenlose oder Unberührbare, die nach wie vor die Rolle der Ausgestoßenen in der indischen Gesellschaft spielen müssen. In der indischen Verfassung nennt man diese Verstoßenen Scheduled Castes ßkädjuld kahßts.

brahmin brahmin *Brahmanen*

kshatriya kschatrija *Beamte und Krieger*

vaishya wäschja *Händler*

shudra schudra *Bauern*

dalit dalit *Kastenloser*

untouchable antadschäbèl *Unberührbarer*

Man kann seine Kastenzugehörigkeit nie ändern. Traditionell darf man auch nicht außerhalb seiner Kaste heiraten.

I would like to enter the temple/mosque.
ei wudd leik tuh äntèr ðè tämpèl/moßk
ich würde wollen zu betreten der Tempel/Moschee
Ich würde gerne den Tempel / die Moschee betreten.

Take off your shoes.
täjk off juhr schuhß
nehme aus deine Schuhe
Ziehen die Schuhe aus.

typisch hinduistische Ausdrücke

darshan/audience	Audienz, relig. Vortrag	darschan/ohdiens
moksha/deliverance	Erlösung	mokscha/deliwärèns
pooja/worship	Gebet, Anbetung	pudscha/wohschip
mantra	heilige Gebetsfloskel	mantra
anand	spirit. Glückseligkeit	anand
bhagwan/ishwar	Gott (östlich)	bhagwan/ischwar
god	Gott (westlich)	godd
bhakti/devotion	Hingabe	bhaktih/diwoschèn
karma	Karma	karma
dhyan/meditation	Meditation	dhjan/mediteschèn
samadhi	tiefe Meditation	ßamadhi
sannyasin, sannyasi	Nonne, Mönch	ßanjaßin, ßanjaßi
monk	Mönch/Nonne	monk
prakriti/nature	Natur	prakritih/näjtschèr
sadhu	Wandermönch	ßadhu
mandir/temple	Tempel	mandir/tämpèl
nirvana	Unendliche/Paradies	nirwana
sansar/universe	Universum	ßansar/juniwörs
satya/truth	Wahrheit	ßatja/truð
gyan/knowledge	Wissen	gjan/nohlädsch

Who is the guru of this Ashram?
huh is ðè guru off ðis aschram
wer ist der Lehrer von dieses Meditationszentrum
Wer ist der Lehrer in diesem Meditationszentrum?

I want to learn how to practise yoga.
ei wont tuh lörn hau tuh präktiß joga
Ich möchte zu lernen wie zu anwenden Yoga
Ich möchte Yoga-Techniken lernen.

Tell me something about your way of doing pooja.
tell mih ßamðing abaut juhr wäj off duing pudscha
sag mir etwas über dein Weg von machend Gebet
Erklären Sie mir wie Sie beten.

Why do you wear a turban/bracelet?
wei duh juh währ è törbèn bräjßlät
warum tust du tragen ein Turban/Armreif
Warum tragen Sie einen Turban/Armreif?

Feiertage

In Indien gibt es so viele sowohl nationale als auch regionale Feiertage, dass es kaum möglich ist alle aufzuführen. Die Wichtigsten:

Die Feiertage folgen teils dem gregorianischen, teils dem Vikramadity bzw. Hidschri-Kalender.

holiday hollidäi – Feiertag
vacation wakäischèn – Ferien, Urlaub
Republic Day ribablik däi – Nationalfeiertag *26. Januar*
Holi holih – Fest der Farben *Monat: Phagun*
Mahavir Jayanti mahawir dschajantih – großes Fest der Jain *Monat: Chait*
Ramanavami ramanawamih – Geburt Ramas *Monat: Chait*
Independence Day indihpändenß däi – Unabhängigkeistag *15. August*
Navaratri nawaratrih – Fest zu Ehren Durgas *Monat: Kvar*
Gandhi Jayanti gandhi dschajantih – Geburtstag Mahatma Gandhis *2. Oktober*

Diwali diwali
Fest des Lichtes *Monat: Karttik*
Baisakhi bäßakhi – Hindu-Neujahrsfest & Fest der Sikhs *am ersten Baisakh*
Nanak Jayanti nanak dschajanti – größtes Fest der Sikhs *Monat: Aghan*
Id-ul-Fitr idul fitèr – Ende des Ramadan (islamisch)
Bakri Id bakri_id – Fest der Ziege (islamisch)
Milad-un-Nabi miladun_nabi – Geburtstag des Propheten (islamisch)

When is Diwali going to start this year?
wänn is diwali going tuh ßtart ðis jiehr
wann ist Diwali gehend zu starten dieses Jahr
Wann ist dieses Jahr Diwali?

When does Ramzan start/finish?
wänn dahs ramsahn ßtart finisch
wann tut Ramadan anfangen/aufhören
Wann beginnt/endet der Ramadan?

How often do you go to the mosque?
hau oftèn duh juh gou tuh ðè moßk
wie oft tust du gehen zu die Moschee
Wie oft gehen Sie zur Moschee?

hinduistischer Kalender

Einer der drei in Indien gebräuchlichen Kalender ist Vikramadity Wikramaditih (der christlichen Zeitrechnung um 57 Jahre voraus).

Chait	tschäht	März-April
Baisakh	bäßahk	April-Mai
Jeth	dscheth	Mai-Juni
Asarh	aßahrh	Juni-Juli
Savan	ßahwan	Juli-August
Bhadon	bhahdèn	August-September
Kvar	kwahr	September-Oktober
Karttik	kahrtik	Oktober-November
Aghan	ag-hann	November-Dezember
Pus	puhß	Dezember-Januar
Magh	mahgh	Januar-Februar
Phagun	phahgèn	Februar-März

moslemischer Kalender

Im Hidschri-Kalender der Moslems hat der Monat immer 30 Tage und das Jahr daher insgesamt nur 354 Tage. Auch ist die islamische Zeitrechnung ist 622 Jahre jünger als die christliche. Die Monate heißen:

1.	**al-Muharram**	almucharram
2.	**Safar**	safar
3.	**Rabi' al-Awwal**	rabi elawwel
4.	**Rabi' as-Sani**	rabi eßßänih
5.	**Jumada al-Ula**	dschumadal uhla
6.	**Jumada al-Akhira**	dschumadal ahchira
7.	**Rajab**	radschab
8.	**Sha'ban**	scha abahn
Fastenmonat: 9.	**Ramzan**	ramsahn
10.	**Shawwal**	schawwahl
11.	**Zu al-Qa'da**	suh elka ada
Pilgermonat: 12.	**Zu al-Hijja**	suh elhidschah

Zu Gast sein

Das Zusammenleben in der Familie ist in Indien überaus wichtig. Man lebt in und für die Gemeinschaft und stellt seine eigenen Ziele sicher nicht über die der Familie.

Beim Betreten des Hauses werden meist die Schuhe ausgezogen. Man begrüßt zuerst den Gastgeber, dann ältere Leute und danach alle Anwesenden. Als Mann sollte man es indischen Frauen selbst überlassen, ob sie einem die Hand reichen oder nicht.

Wenn man etwas mitbringen will, kann man kleine Geschenke oder Süßigkeiten für die Kinder besorgen - das wird immer sehr geschätzt.

Namaste!	**Come in!**	**Sit down!**
namaßte	kam inn	ßit daun
sei-gegrüßt	*komme in*	*sitzen unten*
Guten Tag!	Treten Sie ein!	Setzen Sie sich!

Welcome welcome my friend!
wälkam wälkam mei fränd
willkommen willkommen mein Freund
Herzlich willkommen!

How are you?	**How is your family?**
hau ah juh	hau is juhr fämili
wie bist du	*wie ist deine Familie*
Wie geht es dir?	Wie geht's der Familie?

Everybody is fine, thank you!
äwribadi is fein ðänk_juh
jeder ist fein danke du
Allen geht's gut! Danke

What do you like to drink?
wott du juh leik tuh drink
was tust du mögen zu trinken
Was wollen Sie trinken?

Es gilt als höflich, Essen und Getränke immer erst abzulehnen und sich dann doch dazu überreden zu lassen!

Nothing! I just had, thank you!
naðing ei dschaßt häd ðänk_juh
nichts ich gerade hatte danke du
Gar nichts danke! Ich hatte gerade was!

Please have some chai!
plihs häw ßam tschai
bitte haben einige Tee
Bitte trinken Sie einen Tee!

Alright!
ohlreit
alles-richtig
Einverstanden!

Where can I wash my hands?
wäèr kän ei wosch mei händs
wo kann ich waschen meine Hände
Wo kann ich mir die Hände waschen?

Die meisten Inder essen Zuhause mit den Fingern, auf dem Boden sitzend. Vergessen Sie nicht, die linke Hand gilt als unrein! Berühren Sie damit keine Speisen!

Would you have a spoon for me?
wudd juh häw è ßpuhn four mih
würdest du haben ein Löffel für mich
Haben Sie einen Löffel für mich?

Your chidren are very cute.
juhr tschildrèn ah wärih kjut
deine Kinder sind sehr süß
Ihree Kinder sind entzückend.

Thank you for the invitation!
ðänk juh four ðè inwitäjschèn
dank dir für die Einladung
Vielen Dank für die Einladung!

Unterwegs

In Indien unterwegs sein macht Spaß, da erstens die Menschen aufgeschlossen und hilfsbereit sind, und zweitens das Transportsystem ausgesprochen gut ist.

... zu Fuß

Excuse me, where is the old part of the town?
ikßkjuhs mih wäèr is ðè ould paht_off ðe taun
entschuldigen mich wo ist der alt Teil von die Stadt
Bitte, wo ist die Altstadt?

I am looking for the Central Railway Station!
ei äm luking fohr ðè ßäntrèl räilwäi ßtäschèn
ich bin schauend für der zentral Eisenbahn Station
Ich suche den Bahnhof!

Where is Chowpatty Beach please?
wäèr is tschaupatti bihtsch plihs
wo ist Chowpatty Strand bitte
Wo ist bitte der „Chowpatty Beach"?

How do I get to Connaught Place?
hau du ei gett tuh konnoht pläs
wie tun ich bekommen zu Connaught Platz
Wie komme ich nach „Connaught Place"?

Chaos: Städteplaner haben indischere Strassennamen eingeführt, die zwar auf dem Stadtplan verzeichnet sind, aber die keiner kennt. Der alte – meist englische – Name der dem Taxifahrer oder Passanten geläufig ist, findet sich wiederum nicht auf Ihrem Plan ...

Fragen Sie lieber zweimal, um sicher zu gehen, dass Sie in die richtige Richtung geschickt werden. Und bedenken Sie auch immer, wen

Sie fragen. Denn wenn man das Nobelrestaurant im Polo-Club sucht, sollte man nicht den Zeitungsverkäufer an der Ecke fragen ...

direction	deiräktschèn	Richtung
straight, back	ßträit, bäk	geradeaus, zurück
right, left	reit, läfft	rechts, links
here, there	hi-èr, ðèr	hier, dort
up, down	app, daun	hinauf, hinunter
in front	inn front	vorn/vor
behind	biheind	hinten/hinter
in, out	inn, aut	in, außerhalb
at	ätt	an/bei
opposite from	oppoßitt from	gegenüber von
next to	näkßt tuh	neben
close to	klowß tuh	in der Nähe von
crossroads	kroßrohds	Kreuzung
chowk	tschohk	Kreuzung
signal	ßignèl	Ampel
beach	bihtsch	Strand
bridge	bridsch	Brücke
tunnel	tannèl	Tunnel

You have to take a left at the next signal!
juh häw tuh täjk è läft ätt ðè nekßt ßignèl
du hast zu nehmen ein links bei die nächste Ampel
Biegen Sie an der nächsten Ampel links ab!

Is it / the tourist information far/nearby?
is_it / ðè turißt informäschèn fahr nierbei
ist es / die Tourist Information weit/nah
Ist das / das Fremdenverkehrsamt weit/nah?

Can I go walking?
kann ei gou wohking
kann ich gehen zu-Fuß-gehend
Kann man zu Fuß dorthin gehen?

How long does it take?
hau lohng dahs itt täjk
wie lange tut es nehmen
Wie lange braucht man?

Wussten Sie, dass man in Indien noch alte und neue Maße gemischt verwendet:

centimetre	ßäntimietah	Zentimeter
inch	intsch	Zoll (1 In = 2,54 cm)
feet	fiht	Fuß (1 ft = 0,30 m)
metre	mietah	Meter
kilometre	kilomietah	Kilometer

Meilen gebraucht man in Indien hingegen nicht!

... mit dem Taxi

In den Städten gibt es Taxis, Motorrikschas und manchmal noch Fahrradrikschas. Floskeln wie „Fahren Sie mich bitte nach..." sind unüblich. Man sagt einfach wohin man will.

Shivaji Airport?
schiwadschi ährpohrt
Fahren Sie zum Shivaji Flughafen?

Shivaji *ist der hochverehrte Nationalheld des Bundesstaates Maharashtra!*

Man sollte über sein Fahrtziel immer mehr wissen als nur Straße oder Stadtviertel, z.B. „in der Nähe des Indian Airways Büros" ...

Do you know (this) ...?
duh juh nou (ðiß)
tust du wissen (dies)
Kennen Sie (dieses) ...?

address	ädrèß	Anschrift
place	pläiß	Ort/Stelle
street, road	ßtriht, rowd	Straße
town, city	taun, ßiti	Stadt
village	willädsch	Dorf
part of town	paht off taun	Stadtviertel
airport	ährpohrt	Flughafen
station	ßteschèn	Bahnhof
bank	bänk	Bank
post	poußt	Post
ruin	ruin	Ruine
fort	fohrt	Fort
tempel	tempèl	Tempel
mosque	moßk	Moschee
hospital	hoßpitèl	Krankenhaus
square	ßkwär	Hauptplatz
maidan	mädahn	Platz/Park
garden	gahdèn	Garten/Park

Where do I have to get off?
wäèr du ei häw tuh gett off
wo tun ich haben zu bekommen fort
Wo muss ich aussteigen?

Take a left/right there
täjk è läft/rait ðèr
nimm ein links/rechts dort
Fahren Sie dort links/rechts rein.

Wenn man auf das Motorengeräusch der Sammeltaxis hört, wird man sich schnell erklären können, warum sie fatfatti fatfatti *genannt werden. Sonst gibt es:*

taxi täksi
Taxi

riksha(w) rikscha
Rikscha (Motor- oder Fahrrad-)

auto-riksha ohto_rikscha
Motorrikscha

How much is it to the harbour?
hau matsch is_itt tuh ðe harböh
wie viel ist es zu der Hafen
Was kostet es zum Hafen?

Go by metre!
gou bei mihtèr
geh bei Zähler
Schalten Sie den Zähler ein!

Here we are!
hi-èr wi ar
hier wir sind
Da ist es!

Go slowly/faster!
gou ßlouli fäßtèr
geh langsam/schneller
Fahren Sie langsamer/schneller.

Stop! I want to get off please!
ßtopp ei wont tuh gett off plihs
stopp ich wollen zu bekommen fort bitte
Halt! Lassen Sie mich bitte hier aussteigen!

Die Motortaxis haben alle veraltete Zähler, die nicht mit der Inflation Schritt halten und nicht mehr aktuelle Preise anzeigen. Die Fahrer rechnen den angezeigten in den jetzt gültigen höheren Preis anhand einer Tabelle um.

per Anhalter

Per Anhalter zu fahren ist für Touristen in Indien höchst unüblich, weil Zug- und Buspreise so günstig sind. Wer wirklich mal keine andere Wahl haben sollte, kann Lkw-Fahrer bitten einen mitzunehmen.

Can you give me a lift to ...?
känn juh gif mi è lift tuh
kannst du geben mir eine Mitfahrgelegenheit nach
Können Sie mich nach ... mitnehmen?

... mit dem Bus

Es gibt gute Nahverkehrsbusse, die aber brechend voll sein können. Und in Reisebussen ist das Busfahren aufgrund der oft schlechten Straßenverhältnisse nicht immer ganz sicher.

ST = State Transport = *„Staat Transport". Die staatlichen Busse halten überal an, aber es sind die billigsten Busse.*

bus	baß	Bus
coach	kotsch	Reisebus
overland bus	owerländ baß	Reisebus
ST bus	eß ti baß	staatlicher Bus
luxury-class	lakschäri klahß	Luxus-Klasse
deluxe-class	dilakß klahß	Deluxe-Klasse
ticket	tikètt	Fahrkarte
bus station	baß ßteschèn	Busbahnhof
bus stop	baß ßtop	Bushaltestelle
to get in	tuh gett in	einsteigen
to get off	tuh gett off	aussteigen
suitcase	ßuhtkäs	Koffer
luggage	laggidsch	Gepäck

Where is the bus station / next bus stop?
wäèr is ðè baß ßteschèn / näkßt baß ßtopp
wo ist die Bus Station / nächste Bus Stopp
Wo ist der Busbahnhof / die nächste Bushaltestelle?

I want a deluxe-bus ticket/two tickets to ...
ei wont è dilakß baß tikètttuh tiketß tuh
ich möchte ein Luxus-Bus Ticket / 2 Tickets nach
Ich möchte eine Luxus-Fahrkarte / zwei Fahrkarten nach ...

... for today/tomorrow.
fohr tudäi tumorrou
für heute/morgen
... für heute/morgen.

I would like to go to Ajanta now!
ei wudd leik tuh gou tuh adschanta nau
ich würen mögen zu gehen zu Ajanta jetzt
Ich will jetzt nach Ajanta fahren.

In Ajanta gibt es buddhistische Höhlen von denen die ältesten ca. 2200 Jahre alt sind.

When is the bus leaving / are we going to continue?
wänn is ðè baß liewing / ah wi going tuh kontinjuh
wann ist der Bus verlassend / sind wir gehend zu weiterfahren
Wann fährt des Bus ab / fahren wir weiter?

Where does the bus to ... leave from?
wäèr dahs ðè baß tuh lief from
wo tut der Bus nach abfahren von
Wo fährt der Bus nach ... ab?

Is this bus going to ...?
is ðiß baß going tuh
ist dieser Bus gehend nach
Ist dies der Bus nach ...?

Where can I put my baggage?
wäèr kän ei putt maj bägidsch
wo kann ich legen mein Gepäck
Wo kann ich mein Gepäck abstellen?

Is there a toilet in the bus?
is ðèr è toilät inn ðè baß
ist dort eine Toilette in der Bus
Gibt es eine Toilette im Bus?

In Luxus-Reisebussen werden Hindi-Filme in ohrenbetäubenden Lautstärke gezeigt.

Could you turn up/down the volume?
kudd juh törn app daun ðè waljum
könntest du drehen hinauf/herunter die Lautstärke
Könnte man das lauter/leiser stellen?

...mit dem Zug

Nur in Kalkutta gibt es eine U-Bahn: metro train metroh trähn *und eine Straßenbahn:* tramway tramweh.

Fahrkarten werden immer auf einen ganz bestimmten Tag, Zug und Sitzplatz in einer bestimmten Klasse ausgestellt. Viel sicherer als mit dem Bus ist eine Zugreise auf dem 60.000 km langen Schienennetz der Indian Railways indjèn räilwäis *indische Eisenbahnen.* Von schnell nach langsam unterscheidet man zwischen den Zugarten Express Train ikßpräß träin *Expresszug,* Mail Train mähl träin *Postzug* und Passenger Train päßändschèr träin *Passagierzug.*

coach	kotsch	Wagen
berth	bèrð	Abteil
first, second	först, ßäkènd	erste, zweite
class, car	kläß, kah	Klasse, Wagen
sleeper	ßlihpèr	Liegeplatz
chair, seat	tschähr, ßiet	Sessel, Sitz
air-con	ähr kon	Klimaanlage
ticket	tikètt	Fahrkarte
return	ritörn	hin und zurück
one-way trip	wann wäi tripp	einfache Fahrt
destination	däßtinnäischèn	Zielort
reduction	ridaktschèn	Ermäßigung
booking	buking	Reservierung
window	windou	Schalter/Fenster
counter	kauntèr	Schalter
cancelled	känßèld	gestrichen
delayed, late	dihläid, läit	verspätet
timetable	teimtäibèl	Flug-/Fahrplan
dep(arture)	dihpahtschèr	Abflug/Abfahrt
arr(ival)	äreiwèl	Ankunft
passenger	päßèndschèr	Passagier
trip	tripp	Reise
to travel	tuh träwèl	reisen

Es ist keine schlechte Idee, einige Tage vor Abfahrt zu reservieren, da Züge sehr voll sein können. Das gilt an Feiertagen um so mehr. Für einige Züge gibt es gesonderte Fahrkarten-kontingente für Touristen: tourist quota turißt kwota.

TC ti ßi= Ticket Collector *„Fahrschein Sammler" = Kontrolleur*

I want a first class air-con ticket for tomorrow's Shatabdi Express to Poona.
ei wont è förßt klahs èr-kon tikètt fohr tuhmohrrouß schatabdi ikßpreß tuh puuna
ich wollen ein erste Klasse Klimaanlage Fahrkarte für morgen'von Shatabdi Express zu Poona
Ich möchte eine Erste-Klasse-Fahrkarte mit Klimaanlage für den morgigen Shatabdi-Express nach Poona.

Organisation à la India: An jedem Wagen ist ein Zettel angebracht mit den Sitzplatznummern und Namen der Reisenden.

Am Bahnhof gibt es Kofferträger in Uniform, die Sie oft in aufdringlichster Weise dazu überreden wollen ihr Gepäck zum Zug zu befördern. Wenn Sie das nicht wollen, gehen Sie am besten reaktionslos immer weiter.

Where is the second class?
wäèr is ðè ßäkänd klahß
wo ist die zweite Klasse
Wo ist die zweite Klasse?

Where do I have to change?
wäèr du ei häw tuh tschäindsch
wo tun ich haben zu wechseln
Wo muss ich umsteigen?

What is our next stop?
wott is auèr näkßt ßtopp
was ist unser nächster Stopp
Wo halten wir als nächstes an?

When are we going to be in Ernakulam?
wänn ar wi gouing tuh bih in ärnakulam
wann sind wir gehend zu sein in Ernakulam
Wann werden wir in Ernakulam sein?

What platform does the train to Bangalore leave from?
wott plättfohrm dahs ðè trän tuh bängèlohr lihw fromm
was Bahnsteig tut der Zug nach Bangalore verlassen von
Von welchem Bahnsteig fährt der Zug nach Bangalore ab?

... mit dem Flugzeug

Is there a stopover in Bangalore?
is ðèr è ßtoppouwer in bängèlohr
ist da eine Zwischenlandung in Bangalore
Landet das Flugzeug in Bangalore zwischen?

Is there a connecting flight to Trivandrum?
is ðèr è kènnäckting fleit tuh triwändram
ist da ein Anschlussflug nach Trivandrum
Gibt es einen Anschlussflug nach Trivandrum?

I'd like to book a (return) flight to Ahmedabad.
eid leik tuh buck è (rihtörn) fleit tuh ahhèmdabahd
ich'würde mögen zu buchen ein (Rück-) Flug nach Ahmedabad
Ich möchte gerne einen (Rück-)Flug nach Ahmedabad buchen.

I have to cancel my flight to ...
ei häw tuh känßèl mei fleit tuh
ich habe zu stornieren mein Flug nach
Ich muss meinen Flug nach ... stornieren.

scheduled time	planmäßige Abflugszeit	schädjuld teim
estimated time	voraussichtliche Abflug.	äßtimätèd teim
frequency	Häufigkeit	frihkwènßih
daily (ex Sa)	täglich (außer Samstag)	däilih
flight (No.)	Flug(-nummer)	fleit (nambèr)
gate	Flugsteig	gäit
lounge/hall	Halle	lohndsch/hohl
announcement	Ansage	ènnaunßmènt
information desk	Info-Schalter	informäischèn desk
(emergency) exit	(Not-) Ausgang	(ihmördschènsih) äkßitt
crew	Besatzung	kruh
take-off	starten	täik_off
fly	fliegen	flei
land	landen	länd
airport	Flughafen	ährpohrt

... mit dem Schiff

Es gibt internationale Verbindungen, z.B. zwischen Madras und Sri Lanka aber auch regionale von Goa nach Bombay. Natürlich gehört es auch dazu ein Stück auf dem Ganges zu fahren oder im südlichen Bundesstaat Kerala die berühmten Backwaters zu erkunden.

How long does the crossing take?
hau lonh dahs ðè krohßing täjk
wie lange tut die Überfahrt nehmen
Wie lange dauert die Überfahrt?

Where does the boat to ... leave from?
wäèr dahs ðè bout tuh lief from
wo tut der Boot nach abfahren von
Wo fährt das Boot/Schiff nach ... ab?

single cabin	ßin-gèl käbin	Einzelkabine
double cabin	dabbèl käbin	Doppelkabine
ferry	färrih	Fähre
to cast off	tuh käst of	ablegen
to berth	tuh börð	anlegen
boat, ship	bout, schipp	Boot, Schiff
lifeboat	leifbout	Rettungsboot
captain	käptèn	Kapitän
on deck	onn däck	an Deck
seasick	ßihßick	seekrank
harbour	harbör	Hafen
coast	kohßt	Küste
life-jacket	leif dschäkèt	Schwimmweste

Selbst am Steuer

Wer noch unabhängiger unterwegs sein will, erkundet den Subkontinent mit dem eigenen Fahrzeug, Motorrad oder Fahrrad. Ob mit oder ohne Fahrer, der Preis für Mietautos variiert nur nur geringfügig.

I want to hire a vehicle for three days.
ei wont tuh heia è wehikèl fohr ðrih däiß
ich möchte zu mieten ein Fahrzeug für drei Tage
Ich würde gerne für drei Tage ein Fahrzeug mieten.

vehicle	wehikèl	Fahrzeug
car	kah	Auto
jeep/SUMO	dschihp/ßumo	Jeep
bike	beik	Motorrad
scooter/kinetic	ßkuhtèr/keinätik	Motorroller
cycle/bicycle	ßeikèl/beißikèl	Fahrrad
lorry/truck	lorri/trakk	LKW
helmet	hälmèt	Helm

Jede Art von Motorroller kann man in Indien ohne Führerschein fahren. Für Autos und Motorräder braucht man dagegen eine internationale Fahrerlaubnis:
international driving licence
intèrnäschènèl dreiwing leißänß

How much is it per hour/day/week?
hau matsch is_itt pör auèr däi wihk
wie viel ist es pro Stunde/Tag/Woche
Wie viel kostet es pro Stunde/Tag/Woche?

Is it with a fully comprehensive insurance.
is_itt wið fulli komprähänsiff inschuhrèß
ist es mit voll umfassend Versicherung
Ist Vollkaskoversicherung inbegriffen?

Is this road leading to ...?
is ðiß roud lieding tuh
ist diese Straße führend nach
Ist das die Straße nach ...?

Do you have a detailed map of this region?
du juh häw è ditälèd mäpp off ðihß ridschèn
tun du haben ein detaillierte Landkarte von diese Region
Haben Sie eine detaillierte Landkarte von diesem Gebiet?

Is the next village far?
is ðè nekßt willädsch fahr
ist das nächste Dorf weit
Ist das nächste Dorf weit weg?

tanken

Is there a petrol-pump nearby?
is ðèr è pättrèll-pamp nihrbei
ist dort ein Erdöl-Pumpe nahe
Gibt es hier in der Nähe eine Tankstelle?

I need super/petrol/diesel!
ei nihd ßupèr/pättrèl/dießèl
ich brauche Super/Benzin/Diesel
Ich möchte Super/Benzin/Diesel!

Full please!
ful pliehs
voll bitte
Volltanken bitte!

Please change the oil.
pliehs tschäindsch ðè ojl
bitte wechseln das Öl
Bitte wechseln Sie das Öl.

Panne/ Unfall

In Städten und Dörfern gibt es immer kleine Werkstätten, die gute Arbeit leisten. Indische Mechaniker sind grandios im Improvisieren.

My car broke down.
mei kah brouk daun
mein Auto brach runter
Ich habe eine Panne.

I had an accident!
ei häd èn äkßidènt
ich hatte einen Unfall
Ich hatte einen Unfall!

Could you tow my car away?
kudd juh toh mei kah äwej
könntest du schleppen mein Auto weg
Könnten Sie mich abschleppen?

battery	bättèrih	Batterie
radiator	rädiäjtah	Kühler
engine	ändschin	Motor
indicator	indikäitèr	Blinker
lights	leitß	Lichter
brake	bräik	Bremse
gear	gihr	Gang
clutch	klatsch	Kupplung
steering wheel	ßtihring wihl	Lenkrad
handlebars	händèlbahß	Lenkstange
to check	tuh tschäck	überprüfen
insurance	inschuhrènß	Versicherung

The tyres are flat!
ðè teiarß ar flätt
die Reifen sind platt
Ich habe einen Platten.

I need water.
ei nihd wottèr
ich brauche Wasser
Ich brauche Wasser.

My bike doesn't start anymore!
mei beik dahsènt staht änimor
mein Motorrad tut'nicht starten nicht-mehr
Das Motorrad springt nicht an!

The starter makes a strange noise!
ðè ßtartèr mäjkß è ßträndsch nojß
der Anlasser macht ein fremdes Geräusch
Der Anlasser macht ein komisches Geräusch!

Do you know how to fix my vehicle?
du juh nou hau tuh fikß mei wehikèl
tun du wissen wie zu reparieren mein Fahrzeug
Können Sie mein Fahrzeug reparieren?

Do you have spare parts?
du juh häw ßpär pahtß
tun du haben Erstaz Teile
Haben Sie Ersatzteile?

Übernachten

In Indien gibt es einfache Absteigen für ein paar Rupees bis hin zu internationalen 5-Sterne-Palästen. Auf dem Land gibt es Gästehäuser und Pensionen in denen man auch speisen kann – das nennt sich lodging and boarding lodsching ännd bourding.

Do you know a cheap hotel over here?
du juh nou è tschihp houtäl ouwa hi-èr
macht du kennen ein billig Hotel über hier
Kennen Sie hier ein billiges Hotel?

hotel	houtäl	Hotel (teuer)
guesthouse	geßthaus	Pension (mittelteuer)
lodge	lodsch	Pension (preisgünstig)

Do you have a single/double room?
du juh häw è ßin-gèl/dabbèl ruhm
macht du haben ein einzel/ doppel Zimmer
Haben Sie ein Einzel-/Doppelzimmer?

Is it with shower?
is_itt wið schauèr
ist es mit Dusche
Ist es mit Dusche?

Is breakfast included?
is bräckfèßt inkluhdid
ist Frühstück beinhaltet
Mit Frühstück?

bathroom	bahðruhm	Badezimmer
geysor/boiler	gihsèr/boilèr	Boiler
cold water	kould wohtèr	Kaltwasser
hot water	hot wohtèr	Warmwasser

Vorsicht! Nicht überall wo Hotel draufsteht, ist auch Hotel drin, denn der Begriff hotel *bezeichnet in Indien auch Restaurants.*

Jugendherbergen gibt es in Indien nur in Form von christlichen Zentren wie dem YWCA wei dabèlju ßi äj *für Frauen, oder dem* YMCA wei äm ßi äj *für Männer. Das englische Wort* hostel hoßtèl *bezeichnet nur Studentenwohnheime.*

Viele Reisende in Indien kommen auch in einem ashram aschram – *Yoga- und Meditationsschule unter, z.B. in Rishikesh, wo auch schon die Beatles Stammgäste waren.*

Übrigens kennen die Rikshafahrer immer gute Hoteladressen. Viele beweisen das auch ohne das man sie fragt. Diese eifrigen Zeitgenossen nennt man touts tautß.

How much is it?
hau matsch is_itt
wie viel ist es
Was kostet das?

For how long?
four hau long
für wie lange
Für wie lange?

We will stay one day/two days/a week.
wi will stäih wann däi/tu däiß/è wihk
wir werden bleiben eins Tag/zwei Tage/eine Woche
Wir werden einen Tag/zwei Tage/eine Woche bleiben.

I need towels please.
ei nihd tau- èlß plihß
ich brauche Handtücher bitte
Ich bräuchte Handtücher bitte.

bed	bäd	Bett
mattress	mätreß	Matraze
bed sheet	bäd schiht	Bettlaken
blanket	blänkett	Decke
pillow	pillou	Kopfkissen
mosquito-net	moßkitou nätt	Mosquitonetz
all-out	ohl aut	Moskitolampe
lamp	lämp	Lampe
candle	kändèl	Kerze
fan	fänn	Ventilator
electricity	ihläktrißitih	Strom
socket	ßokèt	Steckdose
converter	konwörtèr	Adapter
key	kih	Schlüssel
door	dohr	Tür
window	windou	Fenster

Wake me up at 6 o'clock please.
wäjk mi app ätt ßikß ou klock pliehs
wecke mich auf um sechs Uhr bitte
Wecken Sie mich um 6 Uhr bitte.

Do you have a Dhobi?
duh juh häw è dhobi
tut ihr haben ein Wäscher
Gibt es hier einen Wäscheservice?

I'm leaving.
eim liewing
ich'bin abreisend
Ich reise ab.

Prepare the check please.
pripähr ðè tschäck pliehs
vorbereite die Rechnung bitte
Ich würde gern zahlen.

Bedenken Sie bei Ihrer Reiseplanung, dass oft die Regel gilt Check-Out 24 Hours tschäk aut twäntih fohr auèrß – *d.h. wenn man um 19 Uhr das Zimmer bezieht, kann man am Folgetag bis 19 Uhr dort bleiben!*

Toilette & Co.

Außer in Hotels und teuren Restaurants gibt es nur Steh- und Hockklos. Hier gibt es kein Klopapier, sondern nur einen Wasserkrug um sich danach die Hände zu waschen.

Where are the restrooms?
wäèr ah ðè räßtruhms
wo sind die Toiletten
Wo ist die Toilette?

Where can I wash my hands?
wäèr kän ei wosch mei händs
wo kann ich waschen meine Hände
Wo kann ich mir die Hände waschen?

Wollen Sie es nicht auf die indische Art machen, denken Sie daran Ihr Toilettenpapier nicht in den Abfluss zu werfen, da dieser leicht verstopft.

Gentlemen/Men	dschäntilmin min	Herren
Ladies/Women	läjdiß wihmin	Damen
cloakroom/toilet	kloukruhm/toilät	Toilette
washing room	wosching ruhm	Toilette
loo/latrine	lu/latrihn	Klo
toilet paper	toilät päjpèr	Klopapier
tampon	tämpèn	Tampon
sanitary pads	ßänitäri pädß	Binde

Number One.
nambèr wann
Nummer eins
Ich muss mal (klein).

Number Two.
nambèr tuh
Nummer zwei
Ich muss mal (groß).

Where can I change my child's nappy?
wäèr kän ei tschändsch mei tscheildß näppi
wo kann ich wechseln mein Kind'von Windel
Wo kann ich die Windel wechseln gehen?

Essen & Trinken

Allein die Küche des indischen Subkontinents ist eine Reise wert. Es gibt unterschiedliche Spezialitäten im Nordens und Süden. Auch der Osten hat seine Eigenheiten und jede Glaubensgemeinschaft hat wiederum eigene Regeln. So essen Hindus kein Rindfleisch und viele sind Vegetarier. Moslems essen kein Schweinefleisch und Jains essen nur Gemüse, dass nicht unter der Erde wächst.

restaurant	Restaurant (fein)	rästèränt
hotel	Restaurant (einfach)	houtäl
fast food corner	Imbissstand	faßt fuhd kornèr
dhaba	Imbissstand (im Punjab)	dhaba
hawker	Essensstand auf der Straße	hohkèr
permit room	Bierlokal/Bar	pörmit ruhm
to eat/drink	essen/trinken	tuh iht/drink

I'm hungry/thirsty.
eim hangrih ðörßtih
ich'bin hungrig/durstig
Ich habe Hunger/Durst.

Do you know a good non-veg restaurant?
du juh nou è gudd non wädsch rästèränt
tust du wissen ein gut nicht-vegetarisch Restaurant
Kennen Sie ein gutes nicht-vegetarisches Restaurant?

The restaurant is open/closed.
ðè rästéränt is oupèn kloßd
das Restaurant ist geöffnet/geschlossen
Das Restaurant ist geöffnet/geschlossen.

Can we have the menu please?
kän wih häw ðè mänju plihs
können wir haben die Speisekarte bitte
Bringen Sie uns bitte die Karte!

I am a vegetarian!
ei äm è wädschätärijèn
ich bin ein Vegetarier
Ich bin ein Vegetarier!

Den Kellner im einfachen Lokal kann man mit bera! behra *Chef anreden. In teuren Restaurants sagt man* waiter wäjtèr *Kellner.*

breakfast bräckfäßt – *Frühstück*

Das indische Frühstück besteht im Norden oft nur aus Toast, Butter, manchmal Ei und dazu Tee. Im Süden isst man idli mit würzigem Chutney und trinkt Filterkaffee mit Milch. Im Osten gibt es eher Reis mit Beilagen. Käsesandwiches bekommt man überall, entweder grilled grilld *gegrillt* oder toasted toußtèd *getoasted.*

bräd, toußt	**bread, toast**	Brot, Toastbrot
paratha	**paratha**	indisches Brot
batär, dschäm	**butter, jam**	Butter, Marmelade
tschihs, häm	**cheese, ham**	Käse, Schinken
äg, omlät	**egg, omelette**	Ei, Omelett
ßohßidsch	**sausage**	Würstchen
kattlät	**cutlet**	Gemüsefladen
tschihß sändwitsch	**cheese sandwich**	Käsesandwich
idlih	**idli**	Reismehlbällchen
upma	**upma**	Grieß mit Zitronensaft
tih/tschai, milk	**tea/chai, milk**	Tee, Milch
filtèr kofi	**(filter) coffee**	(Filter-) Kaffee
muèßli	**muesli**	Müsli

landsch ännd dinnèr

lunch and dinner – *Mittag- und Abendessen*

Köstlich sind auch die roomali roti rohmahli rohti *- Riesenbrote!*

Im Norden Indiens ist die Grundlage für eine Speise immer Fladenbrot roti/chapati rohti tschapati. Es wird zu jeder Mahlzeit frisch auf einer Eisenplatte tawa tahwa zubereitet. Meist isst man Curries, also Fleisch- oder Gemüsegerichte in einer stark gewürzten Soße. Jede Region hat ihr eigenes Curryrezept:

korma korma – Fleisch in Jogurt eingelegt und dann in einer braunen Soße gekocht
roghan josh rogèn dschoosch – rotes Curry mit Hammel-/Lammfleisch aus Kaschmir
aloo gobhl alu gobhi – Curry mit Kartoffeln und Blumenkohl
matar paneer matär panir – Curry aus Käse
palak paneer palak panir – Käse-Spinat-Curry
baigan bharta bägèn bhartah – Gericht aus gekochtem Ei
khichdi khitschri – Reis und Linsen vermengt mit Gemüse (Gujarat)

I want to have Korma and Roti!
ei wonnt tuh häw korma ännd roti
ich wollen zu haben Korma und Roti
Ich hätte gerne Korma und Roti!

Do you have Pulao?
du juh häw pulao
tust du haben Pulao
Haben Sie Pulao?

We'll have Palak Paneer and Chicken Biryani!
wihl häw palak panir ännd tschikèn birjani
wir'werden haben Palak Paneer und Hühnchen Biryani
Wir möchten ein Palak Paneer und ein Chicken Biryani!

Außer Curries isst man auch viel Kichererbsen- und Linsenpüree das ebenfalls mit Fladenbrot gegessen wird:

	moong dhal mung dhahl	– gelbes Dhal
Gujarat & West-Bengalen	**arhar dhal** arhar dhahl	– braunes Dhal
	masoor dhal maßur dhahl	– rotes Dhal
Punjab	**maash dhal** mahsch dhahl	– schwarzes Dhal
	chane dhal tschane dhahl	– braunes Dhal
Rajasthan	**dhal bati** dhahl batih	– Dhal mit Brotbrocken

Die Moghulen hinterließen dem indischen Subkontinent viele Fleischgerichte, die im tandoor tanduhr – eine Art Holzkohlenofen geschmort werden. Diese Kochweise nenn man Mughlai mughlei *Moghulenküche*.

kofta kofta	– Hackfleischbällchen in Soße
kabab kabab	– Hammel-/ Lammspieße
shamee kabab schami kabab	– Fleischkotelett
seekh kabab ßich kabab	– gebratene Fleischspießchen
tandoori chicken tanduri tschikän	– Hähnchen im Tandoor-Ofen gebraten
chicken makhanwallah tschikèn makhanwalla	– Hähnchen in Butter

Zu Mughlai-Gerichten isst man oft tandoori roti tanduhri rohti oder naan nahn, die im Tandoor-Ofen zubereitet werden. Dazu bekommt man rohe Zwiebeln, Zitronen, in Chili eingelegte Limonen (achar atschar oder pickle pickèl) und verschiedene Soßen, chutney tschattnäj bzw. dahin dahin Jogurt.

Bei der süd- und ostindischen Küche ist Reis das Grundnahrungsmittel und dazu gibt es dann Gemüse, Fisch oder Fleisch:

(gosht/chicken) biryani birjani – Reis mit Gemüse (und Hammelfleisch/Hühnchen)
pulihodara pulihodara – Reis mit Tamarindensaft. In Tamil Nadu: pulysadam pulißadam.
bisi bele huliyanna bißi bele hulijanna – Reis in scharfer Soße. Spezialität aus Karnataka
pulao pulao – gelber Reis in ghee ghih *Kochfett*
mutta choru mutta tschoru – Reis mit Ei
naranga choru naranga tschoru – Zitronenreis aus Kerala
thengai sadam thengai sadam – Reis in Kokusnusssaft aus Tamil Nadu
fish curry fisch kärri – Curry aus Fisch und vielen Gewürzen (Kerala)
konju curry/prawn masala) kondschu kärri/praun maßala – Curry aus Garnelen (Kerala); in Tamil Nadu: erameen curry äramihn kärri
rasa meen raßa min – Fisch in Kokusnuss-Erdnuss-Soße!
alugedde song alugedde ßong – Curry mit Kartoffeln in Tamarindensoße
haleen halihn – Zerstoßener Weizen mit Hammelfleisch – Typisch für Hyderabad!
kayi kurma kaji kurma – Gemüse-Curry
avial awijahl – Gemüse in Kokonusssoße
kozhi curry kodschi kärri – tamilisches Hühnchencurry
tor curry tour kärri – bengalisches Gemüsegericht
shootki mach schutki matsch – berühmter bengalischer Trockenfisch
dahin mach dahin matsch – Fisch in Jogurt, eine Spezialität aus West-Bengalen

Im Süden ist das Essen schärfer als sonst in Indien. Wer das kosten will, sollte eine tamilische Feuersuppe namens rasam raßam *bestellen. Und am besten zum „Brand löschen“:* appam appam *Fladenbrot.*

fish curry *heißt in anderen Bundesstaaten auch* chepala kura tschepala kuhra, meen curry mihn kärri *oder* meen ashege mihn aschägeh.

Unbedingt probieren sollte man auch patra ni machhi patra ni matschi *– in Bananenblättern gedämpfter Fisch. (Spezialität der Parsis in Bombay und im Bundesstaat Gujarat)*

Don't make it very spicy!
dount mäjk itt wärih speißi
tu'nicht machen es sehr scharf
Machen Sie es nicht so scharf!

cold, hot	kould, hott	kalt, heiß
cool/chilled	kuhl/tschilld	kühl
sweet	ßwiht	süß
sour	ßauèr	sauer
fresh	fräsch	frisch

The food was tasty / too spicy.
ðè fuhd wos täjstih ßpeißi
das Essen war lecker / zu scharf
Das Essen war lecker / zu scharf.

Übrigens: Berufstätige Inder lassen sich auch das Mittagessen von ihren Müttern oder Ehefrauen kochen und durch sogenannte dabawallahs dabawallas, *also „Essensträger" ins Büro schicken. Das Essen wird dabei in* tiffin-boxes tiffin bokßes *warm gehalten.*

In Indien gibt es zahllose Garküchen und Essensstände (fast food corner faßt fuhd kornèr), oder dhabas dhabas wie sie im Bundesstaat Punjab genannt werden, die Köstlichkeiten für den Hunger zwischendurch verkaufen:

(stuufed) paratha (ßtaffd) paratha – mit Kartoffeln, Käse o.ä. gefüllte Fladenbrote
samosa ßamoßa – mit Gemüse oder Fleisch gefüllte Teigtaschen
pani puri pani puri – kleine Brötchen mit scharfer Soße. Typisch Bombay!
bhel puri bhehl puri – Knabbergebäck mit Zwiebeln und anderem. Typisch Bombay!
sev puri ßew puri – gebratene Nudeln
pakora pakohra – in Kichererbsenteig fritiertes Gemüse

papad papad – frittiertes dünnes Brot zum Knabbern. Belegt heißt es khichiya khitschija
bhaji bhadschi – Gemüsemischung
pav bhaji pau bhadschi – Gemüsemischung, die mit einer Art Brötchen gegessen wird
chat tschaht – Knabbergebäck à la Delhi, z.B. jaipuri chat dschepuri tschat
chana chatpata tschana tschatpata – scharfe Bohnen
dhokla dhoklah – Küchlein aus Dhal im Gudjarat
chola tschola – Kichererbsen mit Zwiebeln und Zitronensaft.
rongi rongi – kleine gelbe Bohnen mit einem Currypulver
pattice pätiß – kleine Knödel aus Kartoffeln
usal/misal ußèl/mißèl – höllisch scharfe Speise aus Maharashtra
(masala) dosa (maßala) doßa – Pfannkuchen aus Reisteig (mit Gemüse gefüllt)
uttapam uttapam – indische Pizza, oft mit Ei oder Gemüse bzw. Käse belegt
vada wadah – kleine Teigkringel

Alle südindischen Speisen werden mit einer scharfen Gemüsesoße sambhar ßambhar *und einem Kokosnuss-Chutney* coconut chutney kokonatt tschatnäj *serviert.*

Nicht nur für den Reisenden mit kleiner Geldbörse gibt's in Indien: thali t-hali – Reisplatten mit verschiedenen Gemüsegerichten, die immer wieder aufgefüllt werden. Die bekanntesten gibt es in Rajasthan und Gujarat und oft trinkt man dazu ein scharfes Getränk: jaal jira dschahl dschira. Das thali im Punjab ist hingegen bekannt für seine fetten Beilagen.

masala/spice maßala/ßpajß – *Gewürz*

garam masala garam maßala – *Gewürzmischung*

asafoetida aßafoetida – *Asafoetida wird wegen des unangenehmen Geruchs, der beim Kochen verfliegt, auch „Teufelsdreck“ genannt!*

jaggery dschägeri *ist eine braune harte zuckerartige Masse, die als Süßstoff verwendet wird.*

Soße nennt man in Indien gravy gräjwi, sauce ßohß *bezeichnet dagegen nur Ketchup!*

basil	bäjßil	Basilikum
fenugreek	fenjugrihk	Bockshornklee
chilli	tschilli	Chili
clove	klaw	Gewürznelke
ginger	dschindschèr	Ingwer
cardamom	kardamom	Kardamon
garlic	gahrlik	Knoblauch
coriander	korjander	Koriander
cumin	kjumin	Kumin
turmeric	törmerik	Kurkuma
mint	mint	Minze
pepper	päpèr	Pfeffer
saffron	ßäffrèn	Safran
salt	ßohlt	Salz
mustard	maßtard	Senf
sesame	ßäßami	Sesam
tamarind	tämärind	Tamarinde
cinnamon	ßinnamèn	Zimt
sugar	schugar	Zucker

Wenn das alles zu exotisch ist, dem hilft vielleicht die Zutatenliste:

meat miht – *Fleisch*

Der am meisten gegessene Fisch in Indien ist pomfret pomfrät.

fish	fisch	Fisch
chicken	tschiken	Hähnchen
mutton, lamb	mattèn, lämb	Hammel, Lamm
sea food	ßih fuhd	Meeresfrüchte
beef	bihf	Rind
goat	gout	Ziege

vegetables vedschtäbèlß – *Gemüse*

brinjal	brindschahl	Aubergine
cauliflower	kohliflauer	Blumenkohl
beans	bihns	grüne Bohnen
peas	pihß	Erbsen
cucumber	kjukambèr	Gurke
carrot	kärrèt	Karotte
potato	potäjtoh	Kartoffel
cabbage	käbèdsch	Kohl
pumpkin	pampkin	Kürbis
lentils/dhal	läntilß/dhahl	Linsen
capsicum	käpßikèm	Paprika (grün)
pepper	päpèr	Paprika
spinach	ßpinätsch	Spinat
tomato	tomäjtoh	Tomate
onion	onjèn	Zwiebel

fruits fruhtß – *Obst*

pineapple	pajnäpèl	Ananas
apple	äpèl	Apfel
apricot	äpriket	Aprikose
banana	banana	Banane
pear	pähr	Birne
date	däjt	Dattel
pomegranate	pomgränäjt	Granatapfel
melon	mälèn	Melone
coconut	kokonatt	Kokusnuss
orange	orändsch	Orange
plum	plamm	Pflaume
watermelon	wotèr mälèn	Wassermelone
grapes	gräpèß	Weintrauben

Vielleicht nicht jedem geläufig sind grüne mehreckige Schoten in Peperoni-Form: ladyfingers läjdifingèrß, *die man bei uns Okraschoten nennt.*

Zu allem darf man das Wichtigste nicht vergessen: rice reiß *Reis!*

Die Nationalfrucht Indiens ist die mango mängo *Mango, und wer das Land von Ende Mai bis Juli besucht und sich ein paar frische Mangos gönnt, wird wissen, warum ... Mmmmmh!*

lemon lämèn *ist eine Zitrone, und eine Limone, die bekanntlich süßer sind:* sweet lemon ßwiht lämèn.

sweets ßwihtß – *Süßspeisen*

laddoo laddu – orangefarbene Teigbällchen
rasgulla raßgulla – Bällchen aus Milch/Käse
gulab jamun gulab dschamun – Bällchen aus Milch mit Zuckersirup
khir khihr – Reispudding mit Rosinen und Cashew Nüssen
barfi barfih – Marzipan ähnliche Milchspeise
rasmalai raßmalai – Creme-Speise mit reichlich Sirup und dicker Milch
jalebi dschalebi – in Öl ausgebratene, gelblich-orange Süßspeise
kara kara – Masse aus Getreide und Kochfett
halva halwa – Speise aus Linsen, Kichererbsenmehl, Reis, Grieß und Zucker
gajrela gadschrela – Süßspeise aus Karotten
pini pinih – Bällchen aus Linsen- und Weizenmehl
qulfi kulfih – Eis (pistachio pißtatschoh *Pistazien*)

raisin räjsin
Rosine

cashew-nut
käschjuh natt
Cashew Nuss

Bei den Sikhs ist kara *eine Opferspeise, die mit einem Gebet an den Göttlichen überreicht wird.*

I'll have Gulab Jamun for desert!
eil häw gulab dschamun for dasert
ich'werde haben Gulab Jamun für Nachspeise
Und als Nachtisch möchte ich Gulab Jamun!

table, chair	tejbèl, tschär	Tisch, Stuhl
glass, cup	glahß, kapp	Glas, Tasse
plate, pot	pläjt, pott	Teller, Kanne
knife, fork	najf, fohk	Messer, Gabel
spoon	ßbuhn	Löffel
toothpick	tuhθpik	Zahnstocher
tissue	tischjuh	Serviette

Do you have a tissue?
duh juh häw è tischjuh
tust du haben eine Serviette
Haben Sie eine Serviette?

The bill please!
ðè bill pliehs
die Rechnung bitte
Die Rechnung bitte!

Nach dem Bezahlen erhält man schon mal einem Teller voller sonf ßonf *Aniskörner, auf denen auch das Wechselgeld liegt! Trinkgelder zwischen 5 und 10% sind üblich.*

Nicht-Alkoholisches

Das am meisten getrunkene Getränk ist im Norden schwarzer Tee, der meist mit Zucker und Milch aufgekocht wird. Im Süden trinkt man meist Filterkaffee mit Milch.

Mit tea tih *bezeichnet man hingegen vor allem exportierte Sorten.*

chai	schwarzer Tee	tschai
masala chai	Tee mit Ingwer, Kardamon, ...	maßala tschai
coffee	Kaffee (immer mit Zucker)	kofi
without, with	ohne, mit	wiðaut, wið
sugar	Zucker	schugèr
milk	Milch	milk
water	Wasser	wotèr
filtered water	gefiltertes Leitungswasser	filtèrd wotèr
mineral water	Mineralwasser	minärèl wotèr
Bisleri	Mineralwasser (Flasche)	bißleri
soda	Sprudelwasser	ßoda
soft drink	Limonade	ßohft drink
Thump's Up	indisches Cola	ðamß app
Limca	indische Limonade	limka
fruit juice	Fruchtsaft	fruht dschuhß
lassi	Joghurtgetränk	laßi

Händler verkaufen oft in Originalflaschen abgefülltes Leitungswasser, das man natürlich nicht trinken sollte. Oft erkennt man es an den beschädigten Plastiksiegeln der Verschlüsse.

Bring us a bottle of Bisleri please!
bring aß è botèl of bißleri pliehs
bring uns eine Flasche von Bisleri bitte
Bringen Sie uns bitte Mineralwasser!

I don't buy this bottle, it's not original.
ei dount bei ðiß botèl ittß natt oridschinèl
ich tu'nicht kaufen diese Flasche es'ist nicht original
Ich kaufe diese Flasche nicht, da sie keine Echte ist.

Softdrinks wie Pepsi, Fanta, etc. nennt man in Indien auch aireated drinks ehrietid drinkß, *also praktisch mit Luft durchsetzt!*

Don't put ice in my Pepsi!
dount putt ajß in mei päpßi
tu'nicht hineintun Eis in meine Pepsi
Geben Sie kein Eis in meine Cola!

Alkohol

Je nach Bundesstaat bekommt man Alkohol nur in ausgewiesenen Lokalen serviert: permit room pörmit ruhm. Allerdings ist Gujarat der einzige dry state drei ßtät *alkoholfreie Staat*. Landesweit gibt es einen dry days drei däis *abstinente Tage* wie den Geburtstag Mahatma Gandhis am 2. Oktober.

beer	bihr	Bier
feni	feni	Schnaps aus Cashew Nüssen
toddy	toddi	Kokusnussschnaps
arak	arak	Reisschnaps
wine	wein	Wein
brandy	brändi	Weinbrand
scotch	skotsch	Whisky

Nach dem Essen rauchen Männer oder man kaut ein paar Betelnüsse:

cigarette	ßigret	Zigarette
beedi	bidi	Zigarette aus einem gerollten Blatt
lighter	laitèr	Feuerzeug
matches	mätschès	Streichhölzer
to smoke	tuh ßmouk	rauchen
tobacco	toubäko	Tabak
paper	päjpèr	Blättchen
ashtray	äschträj	Aschenbecher
paan	pahn	Betelnussmischung
paan wallah	pahn walla	Betelnussverkäufer

Kaufen & Handeln

Ob auf Märkten, Bazars, manchem Geschäft, in Hotels, bei Fahrzeugvermietungen oder mit Taxi- und Rikschafahrern – es wird um den Preis gehandelt und gefeilscht.

How much is it?
hau matsch is_itt
wie viel ist es
Was kostet das?

Three hundred Rupees.
ðrih hanndrid ruhpis
drei hundert Rupees
300 Rupees.

It's too expensive my friend!
ittß tuh ikßpänßif mei fränd
es'ist zu teuer mein Freund
Das ist sehr teuer mein Freund!

Fragen Sie ruhig zuerst nach dem Befinden des Verkäufers und plaudern Sie möglichst viel mit ihm, damit er erkennt, dass Sie sich auskennen und nicht leicht „über den Tisch zu ziehen" sind.

Come on take two hundred!
kam on täjk tuh hanndrid
komm auf nimm zwei hundert
Komm schon nimm 200!

Baba *ist eine häufig gebrauchte Anrede unter Freunden!*

Alright Baba give me two hundred Rupees!
ohlrait baba giff mi tuh hanndrid ruhpis
einverstanden Baba gib mir zwei hundert Rupees
Einverstanden Freund, gib mir 200 Rupees!

Is there any discount?
is ðèr äni dißkaunt
ist dort irgendein Nachlass
Geben Sie einen Preisnachlass?

Do you accept credit cards?
duh juh äkßäpt krädit kardß
tust du akzeptieren Kredit Karten
Akzeptieren Sie Kreditkarten?

I'm looking for a Khadi shop.
eim lucking fohr è khadih schop
ich'bin suchend für ein staatl.Kunsthandwerkladen
Ich suche einen Kunsthandwerkladen.

mahkät/basah	**market/bazaar**	Markt
bläk mahkät	**black market**	Schwarzmarkt
ßäjlsmän	**salesman**	Händler/Verkäufer
dschänärèl ßtour	**general store**	Lebensmittelgeschäft
schuhkäjkèr	**shoemaker**	Schuhmacher
dschulèr	**jeweller**	Schmuckgeschäft
ßupermahkät	**supermarket**	Supermarkt
ahtß ännd krahftß schopp	**arts and crafts shop**	Kunsthandwerksladen

I'll take five mangos.
eil täjk feif mängos
ich'werde nehmen fünf Mangos
Ich nehme 5 Mangos.

Is this fruit ripe enough?
is ðis fruht reip inaff
ist diese Frucht reif genug
Ist die Frucht auch reif?

How to eat it?
hau tuh iht itt
wie zu essen es
Wie isst man das?

Give me another one.
gif mih änaðèr wann
gib mir eine-andere eins
Geben Sie mir eine andere.

Wer Obst und Gemüse einkaufen will, findet die Namen im Kapitel „essen & trinken".

Die wichtigsten Gewichtseinheiten sind wie bei uns gram grämGramm *und* kilo kihlo *Kilo.*

jewellery dschulèrih – *Schmuck*

Je nachdem was für einen Laden Sie betreten haben, wird der Schuck vor Ihrem Augen auf einer balance bälänß *Waage* gewogen und Sie zahlen den Verarbeitungspreis nach Gewicht.

locket	Anhänger/Medaillon	lackètt
bracelet	Armband	bräjßlätt
churiyan/bangle	Frauenarmreif	tschurija/bängèl
brooch	Brosche	bruhtsch
hair pin	Haarklammer	hähr pinn
necklace, chain	Halskette, Kette	näckläß, tschähn
nath/nose-ring	Nasenring	nath/nousring
ear-ring/eartop	Ohrring	ihrring/ihrtopp
ring	Ring	ring
casket	Schmuckschatulle	käskèt
painjan	Fußkettchen	pändschèn

What's the name of this?
wottß ðè näjm of ðis
was'ist der Name von dieser
Wie heißt das hier?

handycraft	händikraft	Kunsthandwerk
painting	päinting	Bild
statue	ßtätjuh	Statue
carving	kahwing	Holzschnitzerei
carpet	kahpät	Teppich
embroidery	imbrojdäri	Stickereien
instrument	inßtrumènt	Musikinstrument
incense	inßens	Räucherstäbchen
chanbili	tschanbili	Jasmin
bindi	bindi	Stirnpunkt
mehndi	mähndi	Henna
kajal	kahdschal	Lidstift
tika/tilak	tika/tilack	Farbpuder (Stirn)

What is this made of?
wott is ðis mäjd off
was ist dieses gemacht von
Woraus ist das?

semi-precious stone
ßemipräschèß ßtoun
Halbedelstein

cloth/fabric	klouð/fäbrik	Stoff
cotton	kotèn	Baumwolle
wool, linen	wuhl, linnèn	Wolle, Leinen
leather, silk	läðèr, ßilk	Leder, Seide
polyester	polijästèr	Polyester
gem	dschäm	Edelstein
silver, gold	ßilwèr, gould	Silber, Gold
copper, brass	koppèr, bräß	Kupfer, Messing
marble	marbèl	Marmor

Show me this one please.
schou mih ðis wann pliehs
zeige mir dieses eins bitte
Zeigen Sie mir bitte das da.

Do you have bigger/smaller sizes?
duh juh häw bigèr ßmohlèr ßeißis
tust du haben größere/kleinere Größen
Haben Sie das auch größer/kleiner?

clothes klouðs – *Kleidung*

khadi khadi – handgewebte Kleidung
dhoti/vesti dhoti/wäßti – Tuch, von Männern um die Lenden zum langen Rock gewickelt
lungi lungi – kurzes Lendentuch für Männer
kurta kurta – indisches Hemd mit hohem Stehkragen
patloon patluhn – Hose
pathani suit pathani ßuht – Männer-Gewand
pyjama pidschama – langes Gewand aus Baumwolle/Leinen, trägt man ganztags
shalwar qameez schalwar kamis – Hemd und Hose im Punjab-Stil, auch genannt punjabi dress pandschabih dräß
turban törbèn – Turban
sari ßari – langes Tuch, was Frauen um den ganzen Körper zum Kleid wickeln
choli tscholih – kurzes Shirt zum sari, was man sich schneidern lassen muss
chappal tschapal – Sandale
scarf, dupatta ßkarf, dupatta – Halstuch, Schal

In Indien gibt es in allen Großstädten staatliche Geschäfte, die im Sinne Mahatma Gandhis swadeshi clothes ßwadeschih klouðs *– traditionelle handgewebte Baumwollkleidung verkaufen.*

Die Briten haben den pyjama *adaptiert und als Nachtgewand nach England gebracht. Ein ausgesprochenes Nachtgewand nennt man in Indien* nightdress neitdräß.

swimming trunks, shorts
ßwimming trankß, schortß
Badehose

swimming suit
ßwimming ßuht
Badeanzug

shirt, blouse	schört, blaus	Hemd, Bluse
trousers	trausärs	Bundfaltenhose
pants, belt	päntß, bält	Hose, Gürtel
dress, skirt	dräß, ßkört	Kleid, Rock
jacket	dschäkät	Jacke
sweater	ßwätèr	Pullover
sandals	ßändèl	Sandalen
shoes, socks	schuhß, ßocks	Schuhe, Socken

Where can I try it?
wäèr kän ei trei itt
wo kann ich anprobieren es
Wo kann ich das anprobieren?

I want a tailor-made Shalwar Qameez.
ei wont à täjlèr mäjd schalwar kamis
ich möchte ein Schneider-gemacht Shalwar Qameez
Ich hätte gern einen maßgeschneiderten Shalwar Qameez.

I'll take your measurements.
eil täjk juhr mäschèrmäntß
ich'werde nehmen deine Maße
Ich nehme Ihre Maße.

When is it going to be ready?
wän is_itt going tuh bih rädih
wann ist es gehend zu sein fertig
Wann ist es fertig?

Do you have different colours?
duh juh häw diffränt kalèrß
tust du haben andere Farben
Haben Sie auch andere Farben?

white, black	weit, bläk	weiß, schwarz
yellow, orange	jällou, orändsch	gelb, orange
red, brown	räd, braun	rot, braun
blue, violet	blu, weiolät	blau, lila
green	grihn	grün

Do you have 100 or 200 ASA films?
duh juh häw hanndrid or tuh-hanndrid asa filmß
tust du haben hundert oder zweihundert ASA Filme
Haben Sie 100 oder 200 ASA Filme?

How much does it cost to develop this film?
hau matsch dahs itt kost tuh diwälap ðiß film
wie viel tut es kosten zu entwickeln dieser Film
Was kostet es diesen Film zu entwickeln?

film/photo roll	film/foto roul	Film
colour	kalèr	Farbfilm
black and white	bläk ännd wajt	Schwarz-Weiß
photo, slide	foto, ßlajd	Foto, Dia
camera, flash	kämära, fläsch	Kamera, Blitz
battery	bätèri	Batterie
pen	pänn	Stift
paper	päjpèr	Papier
postcard	poußtkahd	Postkarte
envelope	ännwèlopp	Briefumschlag
shampoo	schampuh	Shampoo
soap	ßohp	Seife
deodorant	diodoränt	Deo
toothpaste	tuhðpäßt	Zahnpasta
toothbrush	tuhðbrasch	Zahnbürste
tissue	tischjuh	Taschentuch

Vorsicht bei fliegenden Straßenhändlern, die Filme verkaufen wollen, die in der prallen Sonne gelagert wurden.

Das Entwickeln von Filmen ist in Indien oft billiger als bei uns.

Kultur & Kurzweil

In Bollywood (Bombay) und Madras produziert Indien jährlich ca. 1000 Filme. Obwohl die meisten Filme in Hindi, Tamil oder Telugu sind, kann man sie verstehen, da es einfach „gestrickte“ Melodramen mit dem nötigen Anteil an Action, Humor, Liebe und Happy-End sind, eben sogenannte masala movies maßala muwis *Gewürzfilme*.

theatre	ðiètah	Kino
cinema	ßinema	Dorfkino
hall	hol	billige Saalplätze
balcony	bälkèni	Balkon, Parkett

Für „Film“ gibt es drei Entsprechungen: picture piktschèr *ein eher veralteter Begriff,* movie muwi *gilt als modern und* film filim *für alte schwarzweiß Filme aus den 50er und 60er Jahren.*

Which movie is on today?
witsch muwi is onn tudäi
welcher Film ist auf heute
Was spielen Sie heute?

Let's go to the theatre tonight!
lätß gou tuh ðè ðiètah tuhneit
lasst'und gehen nach Theater heute-nacht
Lasst uns heute abend ins Kino gehen!

Musik

Wenn Sie sich für Musik interessieren, empfehle ich Ihnen classical music kläßikèl mjusik *klassische indische Musik*. Die klassische Musik des Südens nennt man karnatic music karnätik mjusik. Daneben gibt es aber auch devotional music diwoschänèl mjusik *religiöse Musik,* die man in Tempeln hören kann. Außerdem hat jeder Staat wiederum eigene Musikrichtungen begleitet von komplizierten Tänzen: regional music rihdschänèl mjusik. Die Instrumente:

sitar	ßitar	Saiteninstrument
tanpura	tanpura	kleinere sitar
sarod	ßarod	eine Art Geige
sarangi	ßarangi	eine Art Geige
dhol	dhol	große Trommel
tabla	tabla	kleine Trommel
harmonium	harmonijèm	eine Art Akkordeon
flute	flut	Flöte
bansuri	banßurih	Flöte

Die beliebteste Musikrichtung der Inder sind jedoch die in Urdu verfassten ghazals ghasèls, *sowie die Musik aus den Hindi-Filmen:* hindi music hindi mjusik.

Cricket

Der Nationalsport Indiens ist Cricket. Für viele ist es sogar mehr als das und schon fast eine Art Lebensanschauung. Wenn das Nationalteam spielt, sind die Straßen leer.

Beim Cricket spielen zwei Mannschaften zu jeweils 11 Spielern (player pläjèr) gegeneinander. Es geht darum, Punkte (runs rannß) zu machen indem die schlagende Mannschaft (batsman bätßmän) einen kleinen harten Lederball mit einem Schläger (bat bät) schlägt und zwischen zwei hölzernen Stabformationen hin und her läuft. Diesen Teil des Spiels nennt man batting bätting. Die andere Mannschaft verteidigt das Spielfeld und stellt den Werfer (bowler boulèr).

Cricket-Spiele dauern viele Stunden und in manchen Ligas sogar mehrere Tage.

Die wohl bekanntesten Cricket-Spieler Indiens sind Sachin Tendulkar, Sunil Gawaskar *und* Kapil Dev.

Diese beiden Teile nennt man fielding fihlding und balling bohling. Schlägt man den Ball so dass er aus dem Spielfeld rollt, bekommt man 4 Punkte (four fohr), fliegt er raus, ohne den Boden zu berühren, gibt es 6 Punkte (six ßikß).

Ein all-rounder oulraundèr *ist einer der* batting, balling *und* fielding *gleichermaßen beherrscht.*

to run, to catch, to bowl, to spin the ball
tuh rann, tuh kätsch, tuh boul, tuh ßpin ðè bohl
laufen, fangen, werfen, Ball beim Werfen anschneiden

May I join your game?
mäi ei dschoin juhr gäjm
könnte ich teilhaben euer Spiel
Kann ich mitspielen.

Neben Cricket hat kaum eine andere Sportart wirklich Erfolg in Indien. Vereinzelt wird jedoch auch Fußball, Hockey und seltener sogar Rugby und Polo gespielt.

I don't know the cricket rules.
ei dount nou ðè krikèt ruhlß
ich tu'nicht kennen die Cricket Regeln
Ich kenne die Cricket-Regeln nicht.

Your batting is very good!
juhr bätting is wärih gudd
dein Schlagen ist sehr gut
Du schlägst sehr gut!

Flora & Fauna

Besonders sehenswert sind die national parks näschänèl pahkß *Nationalparks.* Im Süden kann man tolle Touren machen durch den jungle dschangèl *Regenwald* oder auf den backwaters bäckwohtèrs *Flussgebiete im Süden.*

elephant	<u>ä</u>làfant	Elefant
crocodile	<u>kro</u>kodeil	Krokodil
tiger	teigèr	Tiger
leopard	lähpèrd	Leopard
monkey	<u>man</u>kih	Affe
bird	börd	Vogel
fish	fisch	Fisch
snake	ßnäik	Schlange
mountain	<u>maun</u>tän	Berg
river	<u>ri</u>wär	Fluss

Touren auf dem Rücken von Elefanten sind möglich und in einigen Parks gibt es sogar noch freilaufende Tiger.

Is there a guided tour through the park?
is ðèr è geidäd tuhr ðruh ðè pahk
ist dort eine geführte Tour durch der Park
Gibt es eine geführte Tour durch den Park?

We want to see some wild animals.
wih wontt tuh ßih ßam weild <u>ä</u>nimälß
wir wollen zu sehen einige wild Tiere
Wir wollen wilde Tiere sehen.

Fotografieren

Indien ist das Paradies jedes Fotografen. Die Landschaft ist traumhaft und die Menschen sind fotogen. Trotzdem sollte man nicht einfach Personen ablichten ohne vorher ihr Einverständnis zu bekommen.

Viele Inder leben in unsagbarer Armut und sind sich dessen bewusst. Klar dass sie da nicht begeistert sind, wenn man diesen Anblick auch noch für die Ewigkeit festhält.

Could I make some photos here?
kudd ei mäjk ßam <u>fo</u>tos hi-èr
könnte ich machen einige Fotos hier
Entschuldigung, darf ich hier fotografieren?

Do you mind if I take your photo?
duh juh meind iff ei täik juhr foto
tust du dagegen-haben wenn ich nehme dein Foto
Entschuldigung, darf ich Sie fotografieren?

It should remind me of your country!
itt schudd rimajnd mi off juhr kantri
es sollte erinnern mich von dein Land
Ich möchte nur eine Erinnerung an Ihr Land!

Geld, Post & Telekommunikation

Die Banken in Indien sind von Montag bis Freitag ganztags und am Samstag halbtags geöffnet. Hier kann man meist Geld zu offiziellen Kursen wechseln und mit internationalen Kreditkarten ziehen. Geldautomaten außerhalb der Banken gibt es noch nicht. Die Währung in Indien heißt Rupee ruhpih (Abk.: Rs). Ein Rupee sind 100 Paise päjße.

ATM äj ti äm *ist die Abkürzung für* Automatic Teller Machine, *also in etwa „Automatische Auszahlungsmaschine". Die Inder nennen sie auch scherzhaft* All Time Money ohl täjm manni *alle Zeit Geld!*

I want to change some money.
ei wonnt tuh tschäindsch ðiß manni
ich will zu wechseln einiges Geld
Ich möchte Geld wechseln.

What's the exchange rate today for the euro?
wotts ðè ikßtschäindsch räjt tudäi fohr ðè juro
was'ist die Wechsel Rate heute für die Euro
Wie ist der Kurs des Euro heute?

bank	Bank	bänk
swiss franc	Schweizer Franken	ßwiß fränk
dollar	Dollar	dolèr
credit card	Kreditkarte	krädit kard
amount	Betrag	èmmaunt
banknote	Geldschein	bänknout
coin	Münze	koin
small change	Kleingeld	ßmohl tschäindsch
cash	Bargeld	käsch
demand draft	Einzahlungsauftrag	dimahnd draft
to change	wechseln	tuh tschäindsch
to sign	unterschreiben	tuh ßein
signature	Unterschrift	ßignitschèr

I want to cash in this TC/traveller's cheque.
ei wonnt tuh käsch in ðiß ti ßi / träwälèrs schäck
ich möchte zu einlösen in dieser Reisescheck
Ich möchte diesen Reisescheck einlösen.

Post

post (office)	poußt (offiß)	Post(amt)
GPO	dschi pi ou	Hauptpostamt
letter	lättèr	Brief
express letter	ikßpräß lättèr	Eilbrief
postcard	poußtkahd	Postkarte
parcel	pahßèl	Paket
ticket/stamp	tikètt/ßtämp	Briefmarke
envelope	ännwèlopp	Briefumschlag
address	ädräß	Adresse
air-mail	ährmäil	Luftpost
registered	rädschißtèrd	Einschreiben
VVP	wih wih pi	eine Art Funkbote

Briefe nach Europa dauern etwa zwei Wochen, während Pakete schon mal bis zu drei Monaten unterwegs sein können.

Briefmarken bekommt man nur auf den Ämtern.

I need tickets for this letter to Germany.
ei nihd tikètß fohr ðiß lättèr tuh dschörmènih
ich brauche Briefmarken für dieser Brief nach Deutschland
Ich brauche Briefmarken für Deutschland.

I want to send this postcard to Austria.
ei wonnt tuh ßänd ðiß poußtkahd tuh ostrijah
ich möchte zu senden diese Postkarte nach Österreich
Ich möchte diesen Brief nach Österreich schicken.

Send it by air-mail.
ßänd itt bei ährmäil
senden es bei Luft-Post
Schicken Sie es per Luftpost.

Telefon, Fax & Internet

PCO/local call
pi ßi ou/loukèl kohl
Ortsgespräch

In allen Ortschaften gibt es Büros, von denen aus man Orts-, National- und Ferngespräche führen kann.

STD eß ti di
Inlandsgespräch

ISD ei eß di
Ferngespräch (international)

I want to make an ISD call to Switzerland.
ei wontt tuh mäjk än ei eß di kohl tuh ßwitzèrländ
ich möchte zu machen ein ISD Anruf nach Schweiz
Ich möchte in die Schweiz telefonieren.

The line is engaged.
ðè lein is ingäidschd
die Linie ist besetzt
Es ist besetzt.

The line broke down.
ðè lein brouk daun
die Linie brach unten
Ich wurde unterbrochen.

I want to make a reverse charge phone call.
ei wontt tuh mäjk è rivörß tschartsch foun kohl
ich möchte zu machen ein rück berechnen Telefon Anruf
Ich möchte ein R-Gespräch führen.

I need to send a fax.
ei nihd tuh ßänd è fäkß
ich brauche zu schicken ein Fax
Ich möchte ein Fax verschicken.

Hallo, is Sanjeev there?
hällou is ßandschihf ðèr
hallo ist Sanjeev dort
Hallo, ist Sanjeev da?

Yes, he's here!
jäß hihs hi-èr
ja er'ist hier
Ja er ist hier!

I will call again.
ei will kohl ägäjn
ich werde rufen wieder
Ich rufe nochmals an.

No he's out!
nou hihs aut
nein er'ist außen
Nein, er ist weg!

Can I leave a message?
kän ei life è mäßidsch
kann ich bleiben eine Nachricht
Kann ich eine Nachricht hinterlassen?

answering machine
ahnßering maschin
Anrufbeantworter

phone	foun	Telefon
fax	fäkß	Fax
mobile	mobeil	Handy
operator	opärätèr	Telefonist
number	nambèr	Nummer
code	koud	Vorwahl
directory	deiräktèri	Telefonbuch
file	feil	Datei

Where do I get internet access?
wäèr duh ei gätt internätt äkßeß
wo tue ich bekommen Internet Verbindung
Wo gibt es hier einen Internetzugang?

I want to send/check my e-mail.
ei wontt tuh ßänd/tschäck mei ihmäjl
ich will zu schicken/prüfen meine E-Mail
Ich möchte E-Mails verschicken/abrufen.

Behörden

Behördengänge – zur Verlängerung von Visa, Reiseerlaubnissen für spezielle Gebiete oder zur polizeilichen Anmeldung – können manchmal nervenaufreibend sein. Stellen Sie sich auf längere Wartezeiten ein.

*Korruption ist keine Seltenheit. Man sollte aber selbst nie den ersten Schritt dazu tun. Wenn es notwendig ist, ein kleines Schmiergeld (*bribe breib*) zu zahlen, wird man Ihnen das durch die Blume mitteilen.*

I want to extend my visa.
ei wontt tuh ikßtänd mei wisah
ich will zu verlängern mein Visum
Ich möchte mein Visum verlängern.

I want to get in contact with a lawyer who speaks German.
ei wontt tuh gätt in kontäkt wið è lojèr huh spihkß dschörmèn
ich möchte zu bekommen in Kontakt mit ein Anwalt wer spricht Deutsch
Ich möchte mit einem Anwalt reden, der Deutsch spricht.

I want to call my embassy.
ei wontt tuh kohl mei ämbäßi
ich möchte zu anrufen meine Botschaft
Ich möchte mit meiner Botschaft telefonieren.

Someone stole my bag/wallet.
ßamwann ßtoul mei bäg wohlèt
jemand stahl meine Tasche/Brieftasche
Meine Tasche/Brieftasche wurde gestohlen.

I lost my money/passport.
ei loßt mei manni/päßpoht
ich verlor mein Geld/Reisepass
Ich habe mein Geld/meinen Pass verloren.

Help me!
hälp mih
hilf mir
Helfen Sie mir!

Die Abkürzung CID *steht für* Crime Investigation Department kreim inwäßtigäjschèn dipahtmènt = *„Verbrechens-Untersuchungs-Abteilung“ = Kriminalpolizei.*

residence permit
räsidänß pörmit
Aufenthaltsgenehmigung

police	polis	Polizei
policeman	polismän	Polizist
policewallah	poliswalla	Polizist, Bulle
inspector	inßpäktèr	Inspektor
commissioner	komischänèr	Kommissar
thief	ðihf	Dieb
dacoit	dakoit	Verbrecher
lathi	lathi	Schlagstock
officer	ofißèr	Beamter
office	ofiß	Büro
customs	kastèm	Zoll
driving licence	dreiwing leißänß	Führerschein
stamp	ßtämp	Stempel
report	ripoht	Anzeige/Klage
valid	wälid	gültig
signature	ßignitschèr	Unterschrift

gesund werden

In allen größeren Orten gibt es hospitals hoßpitèlß *Krankenhäuser* und natürlich chemist's shops kämmißtß schoppß *Apotheken*. Bei kleinen Verstimmungen kann man ruhig mal einen alternativen Arzt aufsuchen, und man wird staunen, was diese für „Wunder" vollbringen.

I need ... ei nihd Ich muss zum / brauche ...

to see a doctor	ßih è doktèr	Arzt
to see a dentist	... dänntißt	Zahnarzt
a filling	è filling	eine Füllung
an injection	ènindshäkschèn	eine Spritze
a prescription	è prihßkripschèn	ein Rezept
medicine	mäddßin	Medizin
ointment	ointment	Salbe
tablet/pill	täbblett/pill	Pille/Tablette
penicillin	pänißilinn	Penicillin
antibiotics	äntibei-otikß	Antibiotika
antiseptic	äntißäptik	Antiseptikum
band-aid	bändäjd	Pflaster
bandage	bändadsch	Verband
compress	kompräß	Kompresse
eye drops	eidropß	Augentropfen
insulin	inßälin	Insulin
pain killer	päin killèr	Schmerzmittel
sun lotion	ßan louschèn	Sonnenmilch
condom	kondèm	Kondom
tampon	tämpon	Tampon
sanitary pads	ßänitärih päds	Binde

ayurvedic ajurwädik *alte indische Medizin Ayurveda*

yunani junanih *griechisch-islamische Medizin*

homoeopathic homäopäðik *homöopathische Medizin*

allopathic ällopäðik *allopathische westliche Schulmedizin*

I need a receipt for my insurance.
ei nihd è rißiht fohr mei inschuhrèß
ich brauche eine Quittung für meine Versicherung
Ich brauche eine Quittung für die Versicherung.

Trinken Sie kein Leitungswasser und essen kein ungewaschenes Obst und Gemüse, so vermeiden Sie Durchfall!

I have ... ei häw Ich habe ...

a headache	è häddäik	Kopfweh
a stomachache	è ßtammèkäik	Bauchweh
diarrhoea	dei-èrihè	Durchfall
an infection	èn_infäkschèn	Infektion
a sore throat	è ßohr ðrout	Halsweh
a cold	è kould	Erkältung
fever	fihwèr	Infektion

In einigen Gegenden Indiens herrschen Malariaepedemien. Vor Abreise sollte man sich vorsichtshalber erkundigen und gegebenenfalls Resochin einnehmen.

It's ... (here) ittß ... (hihr) Es ist (hier) ...

broken	broukèn	gebrochen
burnt	börnt	verbrannt
blowted	bloutèd	aufgebläht
swollen	ßwollèn	geschwollen
bleeding	blihding	blutet
itching	ittsching	juckt

I'm ... eim Ich bin ...

ill	ill	krank
injured	indschörd	verletzt
pregnant	prägnänt	schwanger
diabetic	dei-äbätik	Diabetiker
epileptic	äpihläptik	Epileptiker
allergic to	èllördschick tuh	allergisch gegen

It hurts here.
itt höhrtß hi-èr
es schmerzt hier
Mir tut es hier weh.

I have to vomit.
ei häw tuh wohmit
ich habe zu erbrechen
Ich muss erbrechen.

bone, skin	boun, ßkinn	Knochen, Haut
muscle, tendon	maßèl, tändèn	Muskel, Sehne
heart, lungs	haht, langß	Herz, Lunge
stomach	ßtohmäk	Magen
bowels	bauwèlß	Darm
bladder	blädèr	Harnblase
kidney	kidnäi	Niere
appendix	èppänndikß	Blinddarm

Ein gutes ayurvedisches Mittel gegen Verdauungsprobleme ist das etwas bitter schmeckende Chitrakadivati tschitrakadiwati, *das man auch in Apotheken erhält.*

A mosquito/snake/rat/dog/an ant bit/stung me.
è moskihto ßnäik rät dog èn-änt bitt/ßtang mih
ein Moskito/Schlange/Ratte/Hund/ eine Ameise biss/stach mich
Eine Mücke/Schlange/Ratte/Hund/Ameise hat mich gestochen/gebissen.

Literaturtipps

Wenn Sie Lust und Zeit haben, sich weiter mit dem indischen Englisch zu beschäftigen, bieten diese in Indien erhältliche Bücher und Websites noch mehr:

Diese Bücher und Schriften sind nicht über den Reise Know-How Verlag erhältlich. Bitte wenden Sie sich an Ihre Buchhandlung!

Hilfreich: die beiden größten indischen Suchmaschinen www.rediff.com *und* www.indya.com.

*Die Adresse für wissenschaftliche Arbeiten beim*Central Institute for Indian Languages in Mysore: www.ciil.org.

Chamber's Concise Dictionary, Allied Chamber's (Verlag) – *ein gutes Wörterbuch in dem auch „Indizismen" berücksichtigt werden*

A Classical Dictionary of India, John Garrett, Rup & Co. (Verlag) – *indisches Vokabular nach Spezialgebieten geordnet - erhellend!*

India – A Million Mutinies Now, V.S. Naipaul – *Literatur mit reichem indisch-englischen Wortschatz*

India Unbound, Gurcharan Das – *Literatur mit guten Informationen über Indien*

Ji Mantriji, Khushwant Singh – *Witzebuchreihe, die die indische Politik auf den Arm nimmt*

The Common Man, R.K. Laxman – *eine Buchreihe, die sich auf humorvolle Weise mit den Alltagsproblemen des Landes beschäftigt*

Amar Chitra Katha – *Comicheft-Reihe, die von der Heldensage um Krishna, dem Mahabharata Epos bis zu Persönlichkeiten der neueren indischen geschichte alles illustriert*

Hindu Manners, Customs and Ceremonies, Abbé J.A. Dubois – *umfassendes Buch über den Hinduismus in Indien*

Bollywood Calling – *diesem Film sollten Sie sich unbedingt einmal anschauen - eine Köstlichkeit des indischen Kinos!*

Wortliste Deutsch – India-English

D *Das nachfolgende Wörterverzeichnis umfasst ca. 1000 Wörter Grundwortschatz, einschließlich der wichtigsten Wörter aus den vorangegangenen Kapiteln. Die Abkürzung* s.b. *bedeuted* somebody *(jemand).*
*Das * kennzeichnet die unregelmäßigen Tätigkeitswörter, deren unregelmäßigen Formen für die Vergangenheit und vollendete Gegenwart immer genannt sind.*
Das H *kennzeichnet Hindi-Wörter und* U *Urdu-Wörter.*

A

Abend evening
abends in the evening
Abfluss drain
Abführmittel laxative
abgehen (lösen) come/came/come off*
abhalten, jdn. von etw. prevent s.b. from
ablegen (Schiff) sail; leave/left/left*
Abneigung dislike (of)
Abreise departure
Abschleppseil towrope
absichtlich intentionally
Abtreibung abortion
abwesend absent
Adresse address
Alkoholische Getränke IMFL = Indian Made Foreign Liquor
alle/s all
allein alone
allergisch allergic
alt old
altmodisch old-fashioned
Ameise ant
Ampel signal
Ananas pineapple
Andenken souvenir
Anfall attack; fit
angeben show off
Angelegenheit affair
angemessen appropriate
Anker anchor
Anklage accusation
Ankunft arrival
Anmaßung arrogance
Anmeldung (Hotel) registration
Anorak anorak
anrufen, jdn. ring/rang/rang s.b. up*; give/gave/given s.b. a call*
Anschlussflug connecting flight
anschnallen fasten seat belt
ansteckend catching
Anwalt vakeel *U*
anzeigen, jdn. report s.b.
Apfel apple
Apotheke chemist
April April
arbeiten work
ärgern annoy
arm poor
Arm arm
Arzt doctor
Aschenbecher ashtray
atmen breathe
aufbrauchen consume
Aufenthaltsraum lounge
Aufgabe task
aufladen (Batterie) charge
Aufmerksamkeit attention
aufregen, sich get/got/got excited*
Aufzug lift

Ausgang exit
Ausgrabungen excavations
Ausländer foreigner; angrez *H*; freaks *(abwertend)*
Auslandsinder NRI *H*
ausreichend sufficient
Ausreisevisum exit visa
aussteigen get/got/got off*
Auswahl choice
Auto car
Autobahn speedway

B

Bäcker baker
Badeanzug swimsuit
Badehose swimming trunks
Badezimmer bathroom
Banane banana
Bangladesh Bangladesh
Bangladeshi Bangladeshi
Bank (Geld) bank
Batterie battery
bauen build/built/built*
Bauer farmer
Baumwolle cotton
Bazar bazaar *H*
Beamter officer
bedeckt (Wetter) overcast
beginnen begin/began/begun*
begleiten accompany
Behandlung treatment
Bein leg
beisteuern contribute
Bekanntschaft acquaintance
bekommen get/got/got*
belästigen pester
beleidigen insult
benehmen, sich behave
Benutzungsgebühr fee
Benzinkanister petrol can
bequem comfortable
Berg mountain
Bernstein amber
berühren touch
beschäftigt busy
Beschwerde complaint
beschweren complain
besetzt engaged
besser better
Bestechlichkeit corruption
Besteck cutlery
Bestimmungen regulations
Bestimmungsort destination
Bettler beggar
Bevölkerung population
bevorzugen prefer
Beweis proof
bewölkt cloudy
bewusstlos unconscious
bezahlen pay
Bier beer
Bild picture
billig cheap
Billigtarif cheap rate
Bindfaden string
Bingo (Spiel) howsy *H*
Birne (Frucht) pear
bitter bitter
Blase bladder
Blasebalg bellows
blasen blow/blew/blown*
Bleistift pencil
Blinddarm appendix
Blinker indicator
Blume flower
Blumenkohl cauliflower
Bluse blouse
Blut blood
Blutdruck blood pressure
Bohnen beans
Boot boat
borgen borrow
Botschaft embassy
Brandsalbe burn ointment
Bratgericht sizzler
Brathuhn roast chicken
Bratpfanne frying pan; tawa *H*
Braut bride
Bräutigam groom
brechen break/broke/broken*
Bremse brake
Brief letter
Briefmarke stamp
Brieftasche wallet
Brille opticals; specs
Bronchitis bronchitis
Brot bread; chapati *H*; roti *H*
Brötchen roll
Bruch (Knochen) fracture
Bruder brother
Brunnen fountain
Brust breast
Buch book
buchen book
Buchhandlung bookshop
Büchsenöffner tin-opener
buchstabieren spell
Bus bus
Bushaltestelle bus stop
Butter butter
Buttermilch buttermilk

C

China China
chinesisch chinese

D

da there
Dame lady
Damentoilette ladies' room
Dampfer steamer
das (Artikel) the
das da that
Dattel date
Dauer duration
dauern take/took/taken*
Decke blanket
deklarieren declare
denken think/thought/thought*
der (Artikel) the
Desinfektionsmittel disinfectant
Deutschland Germany
Dezember december
Diabetiker diabetic
die (Artikel) the
Dieb thief
Diebstahl theft
Dienstag Tuesday
dies/e this
Donnerstag Thursday
Doppelzimmer double room
Dorf village
Dorfrat panchayat *H*
Drogen drugs
Druck pressure
du you
dunkel dark
Durchfall diarrhoea
durchgebraten well-done
dürfen may
Dusche shower

E

Ebbe low tide
Ehefrau wife
Ehemann husband
Ei egg
eigen/es/er own
Eigentum property
Eilbrief express letter
ein Dutzend a dozen
ein paar a few
ein Paar a pair of
ein Stück von a piece of
Einbahnstraße one-way street
einige some
einkaufen go shopping
Einreibemittel liniment
Einreise entry
Einschreibebrief registered letter
Eintopf stew
Eintritt admission
Einzelzimmer single room
Eisbecher sundae
Eiswürfel ice cube
Elastikbinde elastic bandage
Elefant elephant
Elefantenreiter mahout *H*
Elefantensitz howdah *H*
Elend misery
Ellbogen elbow
empfehlen recommend
empfindsam sensitive
eng narrow
Engländer britishers *H*
Ente duck
Entschlossenheit determination
Entschuldigung! sorry!
Entzündung inflammation
Erdbeben earthquake
Erdbeere strawberry
Erdnuss peanut
Erfrischung refreshment
Ergebnis result
erholen von, sich recover from
erkälten, sich catch/caught/caught a cold*
erleuchten illuminate
Ermäßigung reduction
ernst serious
Ersatz substitute
Ersatzteil spare part
erste/r/s first
erwachsen grown-up
erzählen tell/told/told*
Erzählung story
essen eat/ate/eaten*
Essig vinegar
Etage floor
etwas something
Experte pandit *H*

F

Fähre ferry
fahren go/went/gone*; drive/drove/driven*
Fahrkarte ticket
Fahrplan timetable
Fahrstuhl lift
fallen fall/fell/fallen*

falsch wrong
Familenname surname
Familie family
fangen catch/caught/caught*
Farbe colour
Februar February
fehlen be/was(were)/been missing*
Feige fig
Feld (Acker) field
Fenster window
Fensterplatz window seat
Ferien holidays
Ferngespräch long-distance call
Fernglas binoculars
Fernsehen television
fett fat
fettig greasy
feucht moist; damp
Fieber temperature
finden find/found/found*
Finger finger
flach flat
Fleck stain
Fleisch meat
fliegen fly
fliegen fly/flew/flown*
Flug flight
Flughafen airport
Flugsteig gate
Flugzeug plane
Flut high tide
folgen follow
Form shape
Formular form
Fortschritt progress
Fotoapparat camera
Frage question
fragen ask
Frau/en woman/women
Frechheit impudence
Freiheit freedom; liberty
Freitag Friday
Fremdenführer guide
Freund/in friend
Frisör hair-dresser
frostig chilly
Frühling spring
Frühstück breakfast
fühlen feel/felt/felt*
führen lead/led/led*
Führerschein driving-licence
Fundbüro lost property office
funktionieren work
Fuß/Füße foot/feet
Fußgänger pedestrian

G

Gabel fork
Gang (Auto) gear
Garderobenraum cloakroom
Garten garden
Gas geben accelerate
Gasthof boarding-house
Gebäck pastries
gebacken baked
geben give/gave/given*
Gebet pooja *(der Hindus)*; namaz *(der Moslems)*
Gebiss (künstl.) denture
Geburt birth
Geburtsdatum date of birth
Geburtsname maiden name
Geburtsort place of birth
Geburtstag birthday
gedünstet steamed
Gefängnis prison
gefüllt (Küche) stuffed
Gegend area
gegrillt grilled
gehen go/went/gone*
Gehirn brain
Gehirnerschütterung concussion
Gehweg pavement
gekocht boiled
Geld money
Geldbetrag amount (of money)
Geldverleiher baniya *H*
Geldwechsel exchange
Gemüse vegetables
genug enough
Gepäck luggage
geradeaus straight on
geröstet roasted
gesalzen salted
Geschäft shop; business
geschehen happen
Geschenk present
Geschichte history
Geschlechtskrankheit venereal disease
Geschlechtsverkehr intercourse
Geschwindigkeits-begrenzung speed limit
geschwollen swollen
Gesellschaft society
Gesicht face
Gespräch conversation
gesprächig talkative
Gestalt shape
gestern yesterday
Getränk drink

Gewaltlosigkeit ahimsa *H*
gewöhnen an get/got/got accustomed to
Gewohnheit habit
Gewürz spice
Gipfel summit
glänzend glossy
glauben think/thought/thought*; believe
gleichgültig indifferent
Glühbirne bulb
graben dig/dug/dug*
grau grey
Grenze border
Griff handle
Grippe flu
Grobian goonda *H*
groß big
Größe (Kleidung) size
Großmutter grandmother
Großvater grandfather
grün green
gültig valid
Gurke cucumber
Gürtel belt
gut good

H

Haar hair
Haarbürste hair brush
haben have/had/had*
Hackfleisch minced meat
Hafen harbour
Hafenpolizei harbour police
Haft custody
Hähnchen chicken
halb half
Hals throat *(Kehle)*; neck
Halsschmerzen sore throat
Hand hand
Handtasche handbag
Handtuch towel
hart hard
Hass hatred
Hauptstadt capital
Haus house
Hausfrau housewife
Hausschuhe slippers
Hebamme midwife
heiß hot
Hemd shirt
herb (Wein) dry
Herbst autumn
Herein! come in!
Herrentoilette gents
Herrschaft raj *H*
Herz heart
hier here
hilfsbereit helpful
hinaus out
Hitze heat
Hochzeit marriage
Höhle cave
Honig honey
Hörer (Telefon) receiver
Hose pants
Hummer lobster
hungrig hungry
hupen honk

I & J

Ich I
Ihr your
inbegriffen included
Inder(in) Indian
Indien Bharat *H;* India
Informationsschalter information desk
Innenstadt city centre
innerhalb within
Insel island
Ischias sciatica
ja yes
Jacke jacket
Jahr year
Jahreszeit season
Jahrhundert century
Januar January
jetzt now
Jogurt dahin *H*
jucken itch
Juli July
Junge boy
Juni June
Juwelier jeweller

K

Kabel cable; wire
Kabine cabin
Kaffee coffee
Kaiser emperor
kalt cold
kaputt broken
Kartoffel aloo *H;* potato
Käse cheese
Katze cat
kaufen buy/bought/bought*
Kaufhaus department store
Kehlkopf larynx
Kellner/in waiter/waitress
kennen know/knew/known*
Kfz-Mechaniker car mechanic
Kilometer kilometre
Kind/er child/children

Kindermädchen ayah *H*
Kirsche cherry
Kissen pillow
klar clear
Klebstoff glue
Kleid dress
Kleiderbügel hanger
klein small; little
Kleriker babu *H*
Klima climate
Klingel bell
Knie knee
Knoblauch garlic
Knöchel ankle
Knochen bone
Koch cook
Koffer suitcase
Kohl cabbage
Kokosnuss coconut
Kolonialzeit (der Briten) the British Raj *H*
kommen come/came/come*
König (maha)raja *H*; king
Königin (maha)rani *H*; queen
Königreich kingdom
können can
Konsulat consulate
Kontaktlinsen contact lenses
Konto account
Kopf head
Kopfkissen pillow
Kopfsalat lettuce
Korb basket
Korkenzieher cork screw
kostbar precious
kostenlos free
Kotflügel mudguard
krank ill; sick
Krankenhaus hospital
Krankenschwester nurse
Krankenwagen ambulance
Kräuter herbs
Krawatte tie
Kreuzung crossroads
Kugelschreiber pen
kühl cool
Kursbuch railway guide
Kuss kiss
küssen kiss
Küste coast

L

Laden shop
Lager godown
Lähmung paralysis
Laken sheet
Lamm lamb
Landausflug excursion
Landkarte map
Landwirtschaft agriculture
lang/e long
langsam slow
langweilig boring
Lastwagen lorry/truck
laufen run/ran/run*
leasen hypothecate
Leben life
leben live
Lebensmittelladen grocer's
Leber liver
legen put/put/put*
leisten, sich etw. afford something
Lende loin
lesen read/read/read*
letzte/r/es last
leugnen deny
Leute people
Licht light
Liebe love
lieben love
Liegewagen couchette
links left
Lippe lip
Löffel spoon
los geht's! chalo! *H*
Luftkrankheit air-sickness

M

machen make/made/made*
Macht power
Mädchen girl
Magen stomach
mager lean
Mai May
Mandeln (Körper) tonsils
Mango mango
Mann/Männer man/men
Marihuana ganja *H*
Matratze mattress
Maus mouse
Mechaniker mechanic
Medikament medicine
Meditation meditation
meditieren meditate
Meer sea
mehr more
meiner Meinung nach in my opinion
Meinung opinion
Meister pandit *H*; baba *H* *(religiös)*
Menstruation menstruation
Metzger butcher

mieten rent
Milch milk
mild mild
Milz spleen
minderjährig under age
Mineralwasser mineral water
Minute minute
mischen mix
mit with
Mitgift dowry *H*
Mitleid compassion
Mittagessen lunch
Mittwoch Wednesday
mögen want; like
Mohrrübe carrot
Moment moment
Monat month
Montag Monday
Mord murder
Mörder murderer
Morgen morning
morgen tomorrow
morgens in the morning
Moschee masjid *U*; mosque
Moskito mosquito
Mund mouth
Münze coin
Museum museum
Mutter mother
Myanmar Myanmar

N

nach (zeitl.) past
Nachbar neighbour
nachfüllen top up
nachgehen (Uhr) be/was(were)/been slow*
nachlösen take/took/taken a supplementary ticket*
Nachmittag afternoon
nächste/r/s (örtl.) nearest
nächster (Reihe) next
Nacht night
Nachtisch dessert
Nachtwächter chowkidar *H*
nahrhaft (reichlich) substantial
Name name
nehmen take/took/taken*
nein no
Nepal Nepal
Nepali Nepali
nervös nervous
nett nice
neu new
nicht not
nichts nothing
Niere kidney
Notausgang emergency exit
Notbremse emergency brake
Null zero
Nummer (Nr.) number (No.)
Nummernschild number plate
Nuss nut

O

oben on top
Oberschenkel thigh
Obst fruit
obwohl although
Ochse ox
oder or
offen open
öffnen open
ohne without
Ohnmacht faint
Oktober October
Öl oil
Opfergabe (der Hindus) pooja *H*
Optiker optician
Ortgespräch local call
Ozean ocean

P

Päckchen parcel
Paket parcel
Pakistan Pakistan
Pakistani Pakistani
Palast palace
Panne breakdown
Paprika capsicum
Paprikaschoten peppers
Parfum perfume
parken park
Parkplatz car park
Passagier passenger
Patient patient
Pension guesthouse; lodge
Personalausweis identity card
Petersilie parsley
Pfeffer pepper
Pferd horse
Pfirsich peach
Pflanze plant
Pflaume plum
Plastikbeutel plastic bag
Platz (Ort) chowk *H*
Platzkarte seat reservation
Polizeistation kotwali *H*; police station

Polizist policeman
Pommes frites French fries
Portmonnee purse
Porto postage
Porzellan china
Postamt post-office; GPO
prahlen boast
Präsident president
primitiv primitive
prüfen check
pünktlich in time

R

Rache revenge
Rad wheel
Radio radio
Rasierapparat razor
rasieren shave
Rasierklinge razor blade
Rasierpinsel shaving brush
Rasierseife shaving soap
Ratte rat
rauben rob
rauchen smoke
Rechnung bill
rechts right
Rechtsanwalt lawyer
Regen rain
Regenmantel raincoat
Regenschirm umbrella
Regierung government
Reinigung (chem.) dry cleaner's
Reise journey; trip
Reisebüro travel agency
reisen travel
reißen pull
Religion religion
rennen run/ran/run*
reparieren repair; fix
Rezept (Arzt) prescription
richtig right
Richtung direction
Rikscha riksha *H*
Ring ring
roh raw
röntgen x-ray
Rücken back
Rückfahrkarte return ticket
ruhig quiet; calm
Rühreier scrambled eggs
ruinieren ruin
Rundfahrt sightseeing tour

S

Sache thing
Saft juice
sagen say; tell/told/told*
Sahne cream
Salat salad
Salbe ointment
Salz salt
Salzgebäck namkin *H*
Samstag Saturday
Samt velvet
Sauna sauna
Schach chess
schade! what a pity!
Schädel skull
Schaffner conductor
Schalter counter
scharf spicy *(Essen)*; sharp *(Messer)*
Schauspieler actor
Schauspielerin actress
Scheibe (Brot) slice
scheiden lassen, sich divorce
Schenkel thigh
Schere scissors
schießen shoot
Schiff boat; ship
Schinken ham
schlafen sleep/slept/slept*
Schlaflosigkeit insomnia
Schlafwagen sleeper class
Schlaganfall stroke
schlagen hit/hit/hit*
Schlagsahne whipped cream
Schlange snake
schlecht bad
schließen shut/shut/shut*
Schloss castle
Schlüssel key
Schlüsselbein collar-bone
schmal narrow
schmecken taste
Schmerz pain
Schmuck jewellery
schneiden cut/cut/cut*
schnell fast; quick
Schnellzug express train
Schnurrbart moustache
Schokolade chocolate
schön beautiful
Schraube srew
Schraubenzieher screwdriver
schrecklich terrible/awful
schreiben write/wrote/written*
Schreibwarenladen stationer's
schreien cry
schüchtern shy
Schuh shoe
Schuld guilt

Schule school
Schulter shoulder
Schüssel bowl
Schuster cobbler
Schüttelfrost the shivers
schwanger pregnant
Schwangerschaft pregnancy
schwarz black
Schwarzgeld black money
Schwester sister
schwimmen swim/swam/swum*
See (Binnen) lake
sehen see/saw/seen*
seicht shallow
Seide silk
Seife soap
sein be/was(were)/been*
selten seldom
seltsam strange
senden send/sent/sent*
September September
Serviette napkin
setzen put/put/put*
sicher sure *(gewiss)*; safe *(Gefahr)*
Sicherheitsnadel safety pin
Sie you
sie she *(Ez)*; they *(Mz)*
sitzen sit/sat/sat*
Skorpion scorpion
Slum bustee *H*; jhuggy *H*
sofort at once
Sommer summer
Sonnenbrille sun glasses
sonnenverbrannt sunburnt
Sonntag Sunday
spazieren gehen go/went/gone for a walk*
Spaziergang walk
Speisepilz mushroom
Spiegel mirror
spielen play
Spielzeug toy
sprechen speak/spoke/spoken*
Sprechzimmer surgery
Spritze injection
Sri Lanka S(h)ri Lanka
Stadt town
ständig constant
starten start
Steckdose socket
Stecker plug
stehen stand/stood/stood*
stehlen steal/stole/stolen*
steil steep
Stein stone
stellen put/put/put*
sterben die
Stimmung mood
Stoff fabric
stören disturb
Strafe punishment
strahlend (Sonne) blazing
Strand beach
streicheln caress
Streichholz match
Streit quarrel
streng strict
Strickjacke cardigan
Strohhut straw hat
Strom electricity
Strumpfhose tights
Stuhl chair
Stunde hour
stündlich hourly
stürmisch stormy
stürzen fall/fell/fallen*
Suppe soup
süß sweet

T

Tabak tobacco
Tabakladen paan wallah *H*
Tablette tablet
Tag day
täglich daily
Tal valley
Tankwart attendant
tanzen dance
Tasche bag
Taschenlampe torch
tauchen dive
Tee chai *H*; tea
Telefon telephone
Telefonhörer receiver
Teller plate
Tempel mandir *H*; temple
Teppich carpet
teuer expensive
Ticket ticket
Tier animal
Tiger tiger
Tisch table
Tischdecke table cloth
Tochter daughter
Toilette restroom; toilet
Toilettenpapier toilet-paper
toll great
Topf pot
treffen meet/met/met*
trinken drink/drank/drunk*
Trinkgeld baksheesh *H*; tip
trocken dry
trocknen dry
tun do/did/done*

Türklinke door handle
Turm tower
Türschloss door-lock

U

U-Bahn suburban train
übel sick
Übelkeit nausea
Überfahrt crossing
Überfall raid
übergeben, sich vomit
überholen (Auto) overtake
übermorgen the day after tomorrow
Überschwemmung flood
übersetzen translate
Übersetzung translation
Uhr clock
Umgebung surroundings
unabhängig independent
Unberührbare scheduled caste
und and
Unfall accident
Ungeduld impatience
ungefähr about
Ungerechtigkeit injustice
unschuldig innocent
unser our
unter under
Unterkunft accomodation
unterschreiben sign
Unterschrift signature
Untersuchung examination; investigation
Ureinwohner Indiens adivasi *H*
Urwald jungle

V

Vater father; baba *H (religiöser Meister)*
vegetarisch veg(etarian); shakahari *H*
verantwortlich responsible
verbessern improve
verboten prohibited; haram *H (im Islam)*
Verbrechen dacoity *H*
Verbrecher dacoit *H*
verbringen spend/spent/spent*
verdienen earn
verfolgen follow
vergessen forget/forgot/forgotten*
vergwaltigen rape
Verhütungsmittel contraceptive
verkaufen sell/sold/sold*
Verkäufer/in shop assistent
Verkehr traffic
Verkehrsschild road sign
verlassen leave/left/left*
verletzen hurt/hurt/hurt*
verletzt hurt
verliebt in love
verlieren lose/lost/lost*
vermeiden avoid
vermindern diminish
vernünftig reasonable
versichert insured
Verstand brain
verstehen understand/understood/understood*
vielleicht perhaps
Vogel bird
voll full
Vollpension boarding and lodging
vorgestern the day before yesterday
Vorname first name
Vorschlag proposal
vorsichtig careful
Vorspeise starter
Vorstellung (Theater) performance
vortäuschen pretend
Vorteil advantage
Vorwahlnummer area code
vorzüglich excellent

W

Wagenheber lifting jack
Wahl choice
Wahl (polit.) election
wählen (Telefon) dial
wahrscheinlich probably
Währung currency
Wald forest
Waren goods
was what
Waschbecken basin
Wäscher dhobi *H*
Waschplatz dhobhi ghat *H*
Wasser water
wasserdicht waterproof
Wasserfall waterfall
Wasserhahn tap
Wasserträger bheesti *H*
Wechselgeld change
Wechselkurs exchange rate
wechseln change
wecken wake
wehen blow/blew/blown*

Weihnachten Christmas
Weihrauch agarbathi *H*
weinen cry
Weintrauben grapes
Welle wave
wer who
werden become
werden get/got/got*; become/became/ become*
Werktag working-day
Werkzeug tools
widersprechen contradict
widerstehen resist
wie how
wiederholen repeat
Windschutzscheibe windscreen
Winter winter
wir we
wissen know/knew/ known*
Witz joke
Woche week
Wochentag week-day
Wolle wool
wunderbar wonderful

Z

zahlen pay
zählen count
Zahnarzt dentist
Zahnbürste tooth brush
Zahnpasta tooth paste
Zäpfchen (med.) suppository
zart tender
Zehe toe
Zeitung newspaper
Zeitvertreib pastime
Zelt tent
Zentrum, religiöses ashram *H*
Zeuge witness
Ziege goat
ziehen pull
Zielort destination
ziemlich rather
Zigarette cigarette
Zigarettenverkäufer paan wallah *H*
Zigarre cigar
Zoll customs *(Behörde)*; duty *(Geld)*
Zollbehörde customs
Zoo zoo
zornig angry
zu Fuß on foot
Zubereitung preparation
zuerst first
Zug train
zurück back
zurückhaltend reserved
zurückkehren return
Zuschlag supplement
zustimmen agree
Zwangshochzeit arranged marriage
Zwiebel garlic
Zwischenlandung stopover

Wortliste India-English – Deutsch

A

a dozen ein Dutzend
a few ein paar
a pair of ein Paar
a piece of ein Stück von
abortion Abtreibung
about ungefähr
absent abwesend
accident Unfall
accomodation Unterkunft
accompany begleiten
account Konto
accusation Anklage
acquaintance Bekanntschaft
actor Schauspieler
actress Schauspielerin
address Adresse
addressee Empfänger
adivasi Ureinwohner Indiens *H*
admission Eintritt
advantage Vorteil
affair Angelegenheit
afford something sich etwas leisten
afternoon Nachmittag
agarbathi Weihrauch *H*
agree zustimmen
agriculture Landwirtschaft
ahimsa Gewaltlosigkeit *H*
AIR staatliches Radioprogramm *H*
airport Flughafen
air-sickness Luftkrankheit
all alle/s
alone allein
aloo Kartoffel *H*
although obwohl
amber Bernstein
ambulance Krankenwagen
amount (of money) Geldbetrag
anchor Anker
angrez Ausländer *H*
angry zornig
animal Tier
ankle Knöchel
annoy ärgern
anorak Anorak
ant Ameise
appendix Blinddarm
appropriate angemessen
area Gegend
area code Vorwahlnummer
arm Arm
arranged marriage Zwangshochzeit
arrival Ankunft
arrogance Anmaßung
ashram relig. Zentrum *H*
ashtray Aschenbecher
ask fragen
at once sofort
attack Anfall
attendant Tankwart
attention Aufmerksamkeit
autumn Herbst
avoid vermeiden
awful schrecklich
ayah Kindermädchen *H*

B

baba religiöser Meister *H*
babu Kleriker *H*
back Rücken; zurück
bad schlecht
bag Tasche
baked gebacken
baker Bäcker
baksheesh Trinkgeld *H*
banana Banane
Bangladesh Bangladesh
Bangladeshi Bangladeshi
baniya Geldverleiher *H*
bank Bank *(Geld)*
basin Waschbecken
basket Korb
bathroom Badezimmer
battery Batterie
bazaar Bazar *H*
be sein*
be missing fehlen
be slow nachgehen (Uhr)
beach Strand
beans Bohnen
beautiful schön
become werden*
been gewesen
beer Bier
beggar Bettler
begin beginnen*
behave sich benehmen
believe glauben
bell Klingel
bellows Blasebalg
belt Gürtel
better besser
bhand Streik *H*
Bharat Indien *H*
bheesti Wasserträger *H*
big groß

bill Rechnung
binoculars Fernglas
bird Vogel
birth Geburt
birthday Geburtstag
bitter bitter
black schwarz
black money Schwarzgeld
bladder Blase
blanket Decke
blazing strahlend (*Sonne*)
blood Blut
blood pressure Blutdruck
blouse Bluse
blow blasen; wehen*
boarding and lodging Vollpension
boarding-house Gasthof
boast prahlen
boat Boot; Schiff
boiled gekocht
bone Knochen
book Buch; buchen
bookshop Buchhandlung
border Grenze
boring langweilig
borrow borgen
bowl Schüssel
boy Junge
brain Gehirn; Verstand
brake Bremse
bread Brot
break brechen*
breakdown Panne
breakfast Frühstück
breast Brust
breathe atmen
bride Braut
britishers Engländer *H*
broken kaputt
bronchitis Bronchitis
brother Bruder
build bauen*
bulb Glühbirne
burn ointment Brandsalbe
bus Bus
business Geschäft
bus stop Bushaltestelle
bustee Slum *H*
busy beschäftigt
butcher Metzger
butter Butter
buttermilk Buttermilch
buy kaufen*

C

cabbage Kohl
cabin Kabine
cable Kabel
calm ruhig
can können
cantonment administrative Region
capital Hauptstadt
capsicum Paprika
car Auto
car mechanic Kfz-Mechaniker
car park Parkplatz
cardigan Strickjacke
careful vorsichtig
caress streicheln
carpet Teppich
carrot Mohrrübe
cash Bargeld
castle Schloss
cat Katze
catch fangen*
catch a cold sich erkälten*
catching ansteckend
cauliflower Blumenkohl
cave Höhle
century Jahrhundert
chai Tee *H*
chair Stuhl
chakra Energiekreis im Menschen *H*
chalo! los geht's! *H*
change Wechselgeld; wechseln
chapati Brot *H*
charge aufladen (*Batterie*)
cheap billig
cheap rate Billigtarif
check prüfen
cheese Käse
chemist Apotheke
cherry Kirsche
chess Schach
chicken Hähnchen
child Kind
children Kinder
chilly frostig
China China
china Porzellan
chinese chinesisch
chocolate Schokolade
choice Auswahl; Wahl
chowk Platz *H*
chowkidar Nachtwächter *H*
Christmas Weihnachten
cigar Zigarre
cigarette Zigarette
city centre Innenstadt
clear klar
climate Klima
cloakroom Toilette
clock Uhr
cloudy bewölkt
coast Küste
cobbler Schuster

coconut Kokosnuss
coffee Kaffee
coin Münze
cold kalt
collar-bone Schlüsselbein
colour Farbe
come kommen*
come off abfallen*
comfortable bequem
compassion Mitleid
complain beschweren
complaint Beschwerde
concussion Gehirnerschütterung
conductor Schaffner
Cong Congress Partei *H*
connecting flight Anschlussflug
constant ständig
consulate Konsulat
consume aufbrauchen
contact lenses Kontaktlinsen
contraceptive Verhütungsmittel
contradict widersprechen
contribute beisteuern
conversation Gespräch
cook Koch; kochen
cool kühl
cork screw Korkenzieher
corruption Bestechlichkeit
cotton Baumwolle
count zählen
counter Schalter
CPI Kommunistische Partei Indiens *H*
cream Sahne
crossing Überfahrt
crossroads Kreuzung
cry schreien; weinen
cucumber Gurke
currency Währung
custody Haft
customs Zollbehörde
cut schneiden*
cutlery Besteck

D

dacoit Verbrecher *H*
dacoity Verbrechen *H*
dahin Joghurt *H*
daily täglich
damp feucht
dance tanzen
danger of death Lebensgefahr
dark dunkel
date of birth Geburtsdatum
dates Datteln
daughter Tochter
day Tag
declare deklarieren
dentist Zahnarzt
denture Gebiss (*künstl.*)
deny leugnen
department store Kaufhaus
departure Abreise
desperate verzweifelt
dessert Nachtisch
destination Zielort
determination Entschlossenheit
dhobhi ghat Waschplatz *H*
dhobi Wäscher *H*
diabetic Diabetiker
dial wählen (*Telefon*)
diarrhoea Durchfall
die sterben
dig graben
diminish vermindern
direction Richtung
disinfectant Desinfektionsmittel
dislike (**of**) Abneigung
disturb stören
dive tauchen
diving equipment Taucherausrüstung
divorce sich scheiden
do tun*
doctor Arzt
door handle Türklinke
door-lock Türschloss
double room Doppelzimmer
dowry Mitgift *H*
drain Abfluss
drank trank; etc.
dress Kleid; anziehen
drink Getränk; trinken*
drive fahren*
driving-licence Führerschein
drove fuhr, etc.
drugs Drogen
dry trocken; trocknen
duck Ente
duration Dauer
duty Zoll (*Geld*)

E

earn verdienen
earthquake Erdbeben
eat essen*
egg Ei
elastic bandage Elastikbinde
elbow Ellbogen

election Wahl *(polit.)*
electricity Strom
elephant Elefant
embassy Botschaft
emergency brake Notbremse
emergency exit Notausgang
emperor Kaiser
engaged besetzt
enough genug
entry Einreise
evening Abend
eve-teaser Frauenbelästiger
examination Untersuchung
excavations Ausgrabungen
excellent vorzüglich
exchange Geldwechsel
exchange rate Wechselkurs
excursion Landausflug
exit Ausgang
exit visa Ausreisevisum
expensive teuer
express letter Eilbrief
express train Schnellzug

F

fabric Stoff
face Gesicht
faint Ohnmacht
fall fallen; stürzen*
family Familie
farmer Bauer
fast schnell
fasten seat belt anschnallen
fat fett
father Vater
fee Benutzungsgebühr
feel fühlen*
feet Füße
ferry Fähre
field Feld (Acker)
fig Feige
find finden*
finger Finger
first erste/r/s; zuerst
first name Vorname
fit Anfall
fix reparieren
flat flach
flight Flug
flood Überschwemmung
floor Etage
flower Blume
flu Grippe
fly fliegen*
follow folgen; verfolgen
foot Fuß
foreigner Ausländer
forest Wald
forget vergessen*
fork Gabel
form Formular
fountain Brunnen
fracture Bruch *(Knochen)*
freaks westliche Ausländer
free kostenlos
freedom Freiheit
French fries Pommes frites
friend Freund(in)
fruit Obst
frying pan Bratpfanne
full voll

G

ganja Marihuana *H*
garden Garten
garlic Knoblauch; Zwiebel
gate Flugsteig
gave gab, etc. *(V von give)*
gear Gang *(Auto)*
gents Herrentoilette
Germany Deutschland
get bekommen; werden*
get accustomed to gewöhnen an*
get excited sich aufregen*
get off aussteigen*
girl Mädchen
give geben*
give s.b. a call jdn. anrufen*
given gegeben
gland Drüse
glossy glänzend
glue Klebstoff
go gehen*
go for a walk spazieren gehen*
go shopping einkaufen*
goat Ziege
godown Lager
good gut
goods Waren
goonda Grobian; Rüpel *H*
government Regierung
GPO Postamt
grandfather Großvater
grandmother Großmutter
grapes Weintrauben
greasy fettig
great toll
green grün
grey grau
grilled gegrillt
grocer's Lebensmittelladen
groom Bräutigam

grown-up erwachsen
guesthouse; Pension
guide Fremdenführer
guilt Schuld
guju Gudscharati (*abfällig*)

H

habit Gewohnheit
hair Haar
hair brush Haarbürste
hair-dresser Frisör
half halb
ham Schinken
hand Hand
handbag Handtasche
handle Griff
hanger Kleiderbügel
happen geschehen
haram verboten *U (Islam)*
harbour Hafen
harbour police Hafenpolizei
hard hart
hartaal Streik *H*
hatred Hass
have haben*
head Kopf
heart Herz
heat Hitze
helpful hilfsbereit
herbs Kräuter
here hier
high tide Flut
history Geschichte
hit schlagen*
holidays Ferien
honey Honig
honk hupen
horse Pferd
hospital Krankenhaus
hot heiß
hotel Hotel
hour Stunde
hourly stündlich
house Haus
housewife Hausfrau
how wie
howdah Elefantensitz *H*
howsy Bingo(spiel) *H*
hungry hungrig
hurt verletzen*
husband Ehemann

I & J

I Ich
ice cube Eiswürfel
identity card Personalausweis
ill krank
illuminate erleuchten
IMFL Indian Made Foreign Liquor Alkoholische Getränke (*aus Indien*) *H*
impatience Ungeduld
improve verbessern
impudence Frechheit
in love verliebt
in the evening abends
in the morning morgens
in time pünktlich
included inbegriffen
independent unabhängig
India Indien
Indian Inder(in)
indicator Blinker
indifferent gleichgültig
inflammation Entzündung
injection Spritze
injustice Ungerechtigkeit
innocent unschuldig
insomnia Schlaflosigkeit
insult beleidigen
insured versichert
intentionally absichtlich
intercourse Geschlechtsverkehr
investigation Untersuchung
island Insel
itch jucken
jacket Jacke
Janata Party Volkspartei *H*
jawan Soldat (ind. Armee) *H*
jeweller Juwelier
jewellery Schmuck
jhuggy Slum *H*
joke Witz
journey Reise
juice Saft
jungle Urwald

K

key Schlüssel
kidney Niere
kilometre Kilometer
king König
kingdom Königreich
kiss Kuss; küssen
knee Knie
know kennen; wissen*
kotwali Polizeistation *H*

L

ladies' room Damentoilette
lady Dame
lake See (*Binnen*)
lamb Lamm
larynx Kehlkopf

last letzte/r/es
lawyer Rechtsanwalt
laxative Abführmittel
lead führen
lean mager
leave ablegen *(Schiff)*
leave verlassen*
left links
leg Bein
letter Brief
lettuce Kopfsalat
liberty Freiheit
life Leben
lift Fahrstuhl
lifting jack Wagenheber
light Licht
like mögen
liniment Einreibemittel
lip Lippe
little klein
live leben
liver Leber
lobster Hummer
local call Ortgespräch
lodge Pension
loin Lende
Lok Sabha Unterhaus *H*
long lang/e
long-distance call Ferngespräch
lorry Lastwagen
lose verlieren*
lost property office Fundbüro
lounge Aufenthaltsraum
love Liebe; lieben
low tide Ebbe
luggage Gepäck
lunch Mittagessen

M

maharaja König *H*
maharani Königin *H*
mahout Elefantenreiter *H*
maiden name Geburtsname
make machen*
man Mann
mandir Tempel *H*
mango Mango
map Landkarte
marriage Hochzeit
masjid Moschee *U*
match Streichholz
mattress Matratze
may dürfen
meat Fleisch
mechanic Mechaniker
medicine Medikament
meditate meditieren
meditation Meditation
meet treffen*
men Männer
menstruation Menstruation
midwife Hebamme
mild mild
milk Milch
minced meat Hackfleisch
mineral water Mineralwasser
minute Minute
mirror Spiegel
misery Elend
mix mischen
moist feucht
moment Moment
money Geld
month Monat
mood Stimmung
more mehr
morning Morgen
mosque Moschee
mosquito Moskito
mother Mutter
mountain Berg
mouse Maus
moustache Schnurrbart
mouth Mund
mudguard Kotflügel
murder Mord
murderer Mörder
museum Museum
mushroom Speisepilz
mussels Muscheln *(essbar)*
Myanmar Myanmar

N

namaz moslem. Gebet *U*
name Name
namkin Salzgebäck *H*
napkin Serviette
narrow eng; schmal
nausea Übelkeit
nearest nächste/r/s *(örtl.)*
neck Hals
neighbour Nachbar
Nepal Nepal
Nepali Nepali
nervous nervös
new neu
newspaper Zeitung
next nächster *(Reihe)*
nice nett
night Nacht
no nein
not nicht
nothing nichts
now jetzt

NRI Auslandsinder *H*
number *(***No.)** Nummer (Nr.)
number plate Nummernschild
nurse Krankenschwester
nut Nuss

O

ocean Ozean
officer Beamter
oil Öl
ointment Salbe
old alt
old-fashioned altmodisch
on foot zu Fuß
on top oben
one way einfach *(Ticket)*
one-way street Einbahnstraße
open offen; öffnen
opinion Meinung
opticals Brille
optician Optiker
or oder
our unser
out hinaus
overcast bedeckt *(Wetter)*
overtake überholen *(Auto)*
own eigen/es/er
ox Ochse

P

paan wallah Tabakladen *H*
pain Schmerz
Pakistan Pakistan
Pakistani Pakistani
palace Palast
panchayat Dorfrat *H*
pandit Experte; Meister *H*
pants Hose
paralysis Lähmung
parcel Päckchen; Paket
park parken
parsley Petersilie
part of the town Stadtteil
passenger Passagier
past nach *(zeitl.)*
pastime Zeitvertreib
pastries Gebäck
patient Patient
pavement Gehweg
pay bezahlen; zahlen
peach Pfirsich
peanuts Erdnüsse
pear Birne *(Frucht)*
pedestrian Fußgänger
pen Kugelschreiber
pencil Bleistift
people Leute
pepper Pfeffer
peppers Paprikaschoten
performance Vorstellung
perfume Parfum
perhaps vielleicht
pester belästigen
petrol can Benzinkanister
picture Bild
pig Schwein
pillow Kissen; Kopfkissen
pineapple Ananas
place of birth Geburtsort
plane Flugzeug
plant Pflanze
plastic bag Plastikbeutel
plate Teller
play spielen
plug Stecker
plum Pflaume
police station Polizeiwache
policeman Polizist
pooja Gebet; Opfergabe *H*
poor arm
population Bevölkerung
postage Porto
post-office Postamt
pot Topf
potato Kartoffel
power Macht
precious kostbar
prefer bevorzugen
pregnancy Schwangerschaft
pregnant schwanger
preparation Zubereitung
prescription Rezept *(Arzt)*
present Geschenk
president Präsident
pressure Druck
pretend vortäuschen
prevent s.b. from jdn. von etw. abhalten
primitive primitiv
prison Gefängnis
probably wahrscheinlich
progress Fortschritt
prohibited verboten
proof Beweis
property Eigentum
proposal Vorschlag
public phone Telefon(zelle)
pull reißen; ziehen
punishment Strafe
purse Portmonnee
put stellen; legen*

Q & R

quarrel Streit

queen Königin
question Frage
quick schnell
quiet ruhig
radio Radio
raid Überfall
railway guide Kursbuch
rain Regen
raincoat Regenmantel
raj Herrschaft *H*
raja König *H*
rani Königin *H*
rape vergwaltigen
rat Ratte
rather ziemlich
raw roh
razor Rasierapparat
razor blade Rasierklinge
read lesen*
reasonable vernünftig
receiver Telefonhörer
recommend empfehlen
recover sich erholen
reduction Ermäßigung
refreshments Erfrischungen
registered letter Einschreiben
registration Anmeldung
regulations Bestimmungen
religion Religion
rent mieten
repair reparieren
repeat wiederholen
report s.b. jdn. anzeigen
reserved zurückhaltend
resist widerstehen
responsible verantwortlich
restroom Toilette
result Ergebnis
return zurückkehren
return ticket Rückfahrkarte
revenge Rache
right rechts; richtig
riksha Rikscha *H*
ring Ring
ring s.b. up anrufen, jdn.
road sign Verkehrsschild
roadworks Straßenarbeiten
roast chicken Brathuhn
roasted geröstet
rob rauben
roll Brötchen
roti Brot *H*
ruin ruinieren
run laufen*

S

safe sicher
safety pin Sicherheitsnadel
sail ablegen (*Schiff*)
salad Salat
salt Salz
salted gesalzen
sauna Sauna
say sagen*
scheduled caste Unberührbare
school Schule
sciatica Ischias
scissors Schere
scorpion Skorpion
scrambled eggs Rühreier
screwdriver Schraubenzieher
sea Meer
season Jahreszeit
seat reservation Platzkarte
see sehen*
seldom selten
sell verkaufen*
send senden*
sensitive empfindsam
serious ernst
shakahari vegetarisch *H*
shallow seicht
shape Form; Gestalt
sharp scharf (*Messer*)
shave rasieren
shaving brush Rasierpinsel
shaving soap Rasierseife
she sie (*Einzahl*)
sheet Laken
shirt Hemd
shoe Schuh
shoot schießen
shop Laden; Geschäft
shop assistent Verkäufer/in
shoulder Schulter
show off angeben
shower Dusche
Shri Lanka Sri Lanka
shut schließen*
shy schüchtern
sick krank; übel
sightseeing tour Rundfahrt
sign unterschreiben
signal Ampel
signature Unterschrift
silk Seide
single room Einzelzimmer
sister Schwester
sit sitzen*
size Größe (*Kleidung*)
sizzler Bratgericht
skull Schädel
sleep schlafen*
sleeper class Schlafwagen
slice Scheibe (*Brot*)
slippers Hausschuhe

slow langsam
small klein
smoke rauchen
snake Schlange
soap Seife
society Gesellschaft
socket Steckdose
some einige
something etwas
sore throat Halsschmerzen
sorry! Entschuldigung!
soup Suppe
souvenir Andenken
spare part Ersatzteil
speak sprechen*
specs Brille
speed limit Geschwindigkeitsbegrenzung
speedway Autobahn
spell buchstabieren
spend verbringen*
spice Gewürz
spicy scharf *(Essen)*
spleen Milz
spoon Löffel
spring Frühling
srew Schraube
Sri Lanka Sri Lanka
stain Fleck
stamp Briefmarke
stand stehen*
start starten
starter Vorspeise
stationer's Schreibwarenladen
steal stehlen*
steamed gedünstet
steamer Dampfer
steep steil
stew Eintopf
stolen gestohlen
stomach Magen
stone Stein
stopover Zwischenlandung
stormy stürmisch
story Erzählung
straight on geradeaus
strange seltsam
straw hat Strohhut
strawberry Erdbeere
strict streng
string Bindfaden
stroke Schlaganfall
stuffed gefüllt *(Küche)*
substantial nahrhaft
substitute Ersatz
suburban train U-Bahn
sufficient ausreichend
suitcase Koffer
summer Sommer
summit Gipfel
sun glasses Sonnenbrille
sunburnt sonnenverbrannt
sundae Eisbecher
supplement Zuschlag
suppository Zäpfchen
sure sicher
surgery Sprechzimmer
surname Familenname
surroundings Umgebung
swam schwamm, etc.
swaraj Unabhängigkeit *H*
sweet süß
swim schwimmen*
swimming trunks Badehose
swimsuit Badeanzug
swollen geschwollen
swum geschwommen

T

tabla Trommel *H*
table Tisch
table cloth Tischdecke
tablet Tablette
take dauern; nehmen*
talkative gesprächig
tap Wasserhahn
task Aufgabe
taste schmecken
tawa Bratpfanne *H*
tea Tee
telephone Telefon
telephone directory Telefonbuch
television Fernsehen
tell erzählen*
temperature Fieber
temple Tempel
tender zart
tent Zelt
terrible schrecklich
thank you Danke
that das da
the British Raj Kolonialzeit (der Briten) *H*
the day after tomorrow übermorgen
the day before yesterday vorgestern
the shivers Schüttelfrost
theft Diebstahl
there da
they sie *(Mehrzahl)*
thief Dieb
thigh (Ober)schenkel
thing Sache
think glauben; denken*
this dies/e

throat Hals
thumb Daumen
ticket Fahrkarte; Ticket
tie Krawatte
tiger Tiger
tights Strumpfhose
timetable Fahrplan
tin-opener Büchsenöffner
tip Trinkgeld
tobacco Tabak
toe Zehe
toilet-paper Toilettenpapier
tola Gewichtseinheit *H*
tomorrow morgen
tonsils Mandeln (*Körper)*
tools Werkzeug
tooth brush Zahnbürste
tooth paste Zahnpasta
top up nachfüllen
torch Taschenlampe
touch berühren
towel Handtuch
tower Turm
town Stadt
towrope Abschleppseil
toy Spielzeug
traffic Verkehr
train Zug
tranquillizer Beruhigungsmittel
translate übersetzen
translation Übersetzung
travel reisen
travel agency Reisebüro
treatment Behandlung
trip Reise
truck Lastwagen

U

umbrella Regenschirm
unconscious bewusstlos
under unter
under age minderjährig
understand verstehen*

V

vakeel Anwalt *U*
valid gültig
valley Tal
veg vegetarisch
vegetables Gemüse
vegetarian vegetarisch
velvet Samt
venereal disease Geschlechtskrankheit
village Dorf
vinegar Essig
visiting hours Besuchszeit
vomit sich übergeben

W

waiter Kellner
waitress Kellnerin
wake wecken
walk Spaziergang
wallet Brieftasche
want mögen
water Wasser
waterfall Wasserfall
waterproof wasserdicht
wave Welle
we wir
week Woche
week-day Wochentag
well-done durchgebraten
what was
what a pity! schade!
wheel Rad
who wer
wife Ehefrau
window Fenster
window seat Fensterplatz
windscreen Windschutzscheibe
winter Winter
wire Kabel
with mit
within innerhalb
without ohne
witness Zeuge
woman Frau
womanizer Frauenheld
women Frauen
wonderful wunderbar
wool Wolle
work arbeiten; funktionieren
working-day Werktag
write schreiben
write schreiben*
wrong falsch

X, Y & Z

x-ray röntgen
year Jahr
yes ja
yesterday gestern
you du; Sie
your Ihr
zamindar Großgrundbesitzer *U*
zero Null
zoo Zoo

Der Autor

Daniel Krasa wurde 1976 in Wien geboren. Er interessiert sich für allerlei Länder und Sprachen und spricht bis jetzt fünfzehn, darunter auch fünf indische. Nichtsdestotrotz hat er auf seinen zahlreichen Indienreisen immer wieder gemerkt, dass es fast unmöglich ist ohne Englisch durch den Subkontinent zu kommen. Allerdings hat das indische Englisch (scherzhaft auch indlish genannt) in vielen Bereichen auch wenig mit dem uns bekannten Schulenglisch gemeinsam. Daher gibt es jetzt dieses Büchlein. Zur Zeit arbeitet er in Bombay an seinem Master of Arts in Hindi. Ebenfalls von Daniel Krasa:

Kauderwelsch

Band 126: Algerisch - Arabisch — Wort für Wort
ISBN 3-89416-326-7

Band 133: Arabisch für die Golfstaaten — Wort für Wort
ISBN 3-89416-496-4

Band 137: Französisch für Tunesien — Wort für Wort
ISBN 3-89416-339-9

Band 112: Urdu für Pakistan & Indien — Wort für Wort
ISBN 3-89416-301-1

Reise Know-How Verlag Peter Rump GmbH, Bielefeld